Kinderrechte und Kinderschutz im Ganztag

Kinder beteiligen, fördern, schützen

Qualität in Ganztag, Hort und Schulkindbetreuung

KINDERRECHTE UND KINDERSCHUTZ IM GANZTAG

Jörg Maywald

Kinderechte und Kinderschutz im Ganztag

Kinder beteiligen, fördern, schützen

HERDER

FREIBURG · BASEL · WIEN

FSC www.fsc.org
MIX
Papier | Fördert gute Waldnutzung
FSC® C010798

www.herder.de

Gesamtgestaltung und Satz: Sabine Ufer, Leipzig
Annett Jana Berndt, Radebeul

Herstellung: Graspo CZ, Zlín
Printed in the Czech Republic

ISBN (Print) 978-3-451-39612-2
ISBN E-Book (PDF) 978-3-451-83175-1
ISBN E-Book (EPUB) 978-3-451-83174-4

Inhalt

Pädagogik im Ganztag
muss ihren Erfolg daran
messen lassen,
inwieweit sie zur Verwirklichung
der Kinderrechte beiträgt.

Jörg Maywald, S. 16

Einführung

Jedes Kind hat das Recht und die Pflicht, zur Schule zu gehen. Im Anschluss an die Kita ist der Ganztag[1] der Ort, an dem alle Kinder unabhängig vom Elternhaus über viele Jahre hinweg an den meisten Tagen der Woche mit anderen Kindern zusammenkommen und zentrale Lern- und Lebenserfahrungen machen, die ihr weiteres Leben in hohem Maße beeinflussen.

Die Lebenszeit, die Grundschulkinder in der (Ganztags-)Schule bzw. im Hort verbringen, wird sich in den kommenden Jahren deutlich erhöhen. Mit der Verabschiedung des Ganztagsförderungsgesetzes (GaFöG) wurde die schrittweise Einführung eines Rechtsanspruchs auf eine ganztägige Förderung im Grundschulalter ab dem Schuljahr 2026/27 gesetzlich verankert. Der Rechtsanspruch sieht einen Betreuungsumfang von acht Stunden an allen fünf Werktagen vor. Die Unterrichtszeit wird dabei angerechnet.

Der Rechtsanspruch soll – bis auf maximal vier Wochen – auch in den Schulferien gelten. Der Anspruch kann sowohl in Horten als auch in offenen und gebundenen Ganztagsschulen erfüllt werden. Obwohl die Inanspruchnahme des Rechtsanspruchs freiwillig ist, ist davon auszugehen, dass eine ganztägige Betreuung in wenigen Jahren zur Normalbiografie der allermeisten Kinder im Grundschulalter gehören wird.

Wer mit Kindern über den Ganztag spricht, bekommt meistens zu hören, dass sie es durchaus attraktiv finden, den ganzen Tag mit anderen Kindern zusammen zu sein. Aber es soll nicht der ganze Tag Schule sein. Der Ganztag, wie ihn sich Kinder wünschen, muss aus einer Verbindung unterschiedlicher Angebote und Aktivitäten bestehen. Bewegungs-, Spiel- und Sportmöglichkeiten sollen ebenso dazugehören wie Lern- und Bildungsgelegenheiten innerhalb und außerhalb der Schule, kreative Räume für Musik, Kunst und Theater, gutes Essen, Angebote zur Diskussion interes-

1 Im Ganztag arbeiten Fachkräfte unterschiedlicher Professionen im besten Interesse des Kindes zusammen. Wenn im Folgenden von „Ganztag" die Rede ist, sind immer alle pädagogischen Fachkräfte in unterschiedlichen Formen des Ganztags gemeint.

santer gesellschaftlicher und politischer Themen sowie Möglichkeiten zur ruhigen Beschäftigung, zum individuellen Rückzug und zum Chillen mit Freund:innen.

Das hier aus der Sicht von Kindern skizzierte Bild ist ein Ideal. Es beschreibt einen Ganztag, der vom Kind aus gedacht wird. Die besten Interessen des Kindes – das Kindeswohl – stehen im Mittelpunkt. Die interdisziplinär zusammengesetzten Fachkräfte begegnen den Kindern mit Respekt. Die Besonderheiten jedes Kindes werden berücksichtigt. Ausstattung und Angebote orientierten sich an den Bedürfnissen und Rechten der Kinder. Die beteiligten Berufsgruppen arbeiten auf Augenhöhe zusammen. Sie stehen im engen Kontakt mit den Eltern der Kinder und sind im Sozialraum gut vernetzt.

Die Realität des Ganztags sieht jedoch häufig anders aus. Das Bild vom Kind, mit dem die Schule Kindern begegnet, entspricht in vielen Fällen nicht dem Bild des aktiven und kompetenten Bürgers und Rechtssubjekts, das der UN-Kinderrechtskonvention zugrunde liegt. Die Schüler:innen werden als weitgehend unfertige Menschen angesehen mit Defiziten, die es zu beheben gilt. Es wird davon ausgegangen, dass Kinder nur dann zu vollwertigen Mitgliedern der Gesellschaft werden, wenn Erwachsene sie belehren und kontrollieren. Der allgegenwärtige Vergleich der Kinder mit anderen Kindern demotiviert und führt zu einem Winner-Looser-Denken. Freude am Lernen, wechselseitige Unterstützung und Solidarität kommen häufig zu kurz. Nicht selten sind Schulunlust und Schulangst die Folge.

In vielen Schulen dominiert ein kognitiv verengtes Bildungsverständnis. Sozial-emotionale Fähigkeiten geraten häufig aus dem Blick. Sportliche, musische und kreative Begabungen bleiben nicht selten unentdeckt. Die Organisation von Schule geht davon aus, dass alle Kinder innerhalb einer normierten Zeitspanne das Gleiche lernen müssen. Individuelle Lernwege werden auf diese Weise wenig berücksichtigt.

Hinzu kommt, dass die Lern- und Lebensbedingungen im Ganztag oft nicht kindgerecht sind und manchmal sogar die Gesundheit der Kinder schädigen. Große Klassen, enge Klassenräume, stundenlanges Sitzen, ein verdichteter Unterrichtsstoff und eine Menge an Hausaufgaben führen bei vielen Kindern zu Erschöpfung und Resignation. Verhaltensauffälligkeiten sowie körperliche und seelische Leiden – nicht selten behandlungsbedürftig – sind die Folge.

Das vorliegende Buch will aufzeigen, wie der Abstand zwischen der Realität und dem Ideal eines kindgerechten Ganztags Schritt für Schritt verringert werden kann. Dafür ist es notwendig, den Ganztag vom Kind aus zu denken und die Interessen und Rechte der Kinder in den Mittelpunkt zu stellen. Der Fokus liegt auf der Erörterung eines an den Rechten der Kinder orientierten Kinderschutzes. Vor allem sollen Antworten auf folgende Fragen gegeben werden:

- Welche Rechte haben Kinder im Ganztag?
- Was ist unter Kindeswohl zu verstehen?
- Welches Verhältnis besteht zwischen Kindeswille und Kindeswohl?
- Wie hat sich das gesellschaftliche Bild vom Kind verändert?
- Was bedeutet kinderrechtsbasierter Kinderschutz?
- Welche rechtlichen Rahmenbedingungen sind zu beachten?
- Worin bestehen wichtige Formen, Ursachen und Folgen von Gewalt?
- Wie können Kinder vor Gewalt im familiären Bereich geschützt werden?
- Was tun bei Fehlverhalten und Gewalt durch pädagogische Fachkräfte?
- Auf welche Weise kann der Kinderrechtsansatz im Ganztag verwirklicht werden?
- Was sind die Bausteine eines Schutzkonzepts?
- Welche ethischen Grundsätze sind in pädagogischen Beziehungen zu beachten?
- Wie sollte die Zukunft des Ganztags aussehen?

Normativer Bezugspunkt bei der Beantwortung dieser Fragen sind die globalen Kinderrechte, wie sie in der praktisch universell ratifizierten und auch in Deutschland uneingeschränkt geltenden UN-Kinderrechtskonvention niedergelegt sind. Kennzeichnend für einen solchen Kinderrechtsansatz ist, dass nicht allein nach den Bedürfnissen, sondern gleichermaßen nach den Rechten der Kinder gefragt wird. Während Bedürfnisse subjektiv und situationsabhängig sind, handelt es sich bei den Rechten der Kinder um objektive, von einzelnen Situationen unabhängige Rechtsansprüche. Der Kinderrechtsansatz bildet den Rahmen zur Ausrichtung des Handelns an den Prinzipien der UN-Kinderrechtskonvention. Damit ist er ein auf die besonderen Bedürfnisse von Kindern ausgerichteter Menschenrechtsansatz.

Auch die Kultusministerkonferenz hat sich dazu bekannt, die Grundsätze der Kinderrechtskonvention zur Grundlage ihrer Arbeit zu machen. In einer Erklärung aus dem Jahre 2006 heißt es: „Die Kultusministerkonferenz spricht sich dafür aus, dass die altersgerechte Berücksichtigung der Rechte des Kindes auf Schutz und Fürsorge sowie auf Partizipation essentiell für die Schulkultur ist. (...) Die Kultusministerkonferenz wird bei der Erarbeitung bzw. Überarbeitung einschlägiger Empfehlungen die Grundsätze der Kinderrechtskonvention in Zukunft in besonderer Weise berücksichtigen" (Kultusministerkonferenz 2006). Leider hat dieses

Bekenntnis kaum Wirkung entfaltet. Es wurde versäumt, den an den Rechten der Kinder orientierten Ansatz zu konkretisieren und auf sämtliche Aspekte des Schullebens zu beziehen.

Mit der flächendeckenden Umsetzung des Ganztags besteht eine neue Chance, dieses Versprechen einzulösen. Denn die Verbindung zwischen einer Pädagogik, die vom Kind aus denkt, und dem Bezug zu den Rechten der Kinder liegt nahe. Wer als Pädagog:in mit Kindern arbeitet, braucht eine klare Orientierung, wo Recht aufhört und Unrecht beginnt. Traditionelle Überzeugungen – seien sie kulturell überliefert oder religiös begründet – bieten hier zwar wichtige Anknüpfungspunkte. Aber sie haben einen entscheidenden Mangel: Ihre Akzeptanz und Legitimation sind begrenzt. In einer multikulturellen und multireligiösen Gesellschaft können sie keine fraglose Gültigkeit mehr beanspruchen. Während die Verbindlichkeit überlieferter Werte abnimmt, steigt zugleich der Bedarf nach einem für alle gültigen Wertekanon.

Einen Ausweg bietet die Orientierung an den globalen Kinderrechten als unverzichtbarem Baustein guter Qualität im Ganztag. Denn die weltweit geltenden Kinderrechte enthalten diesen verbindlichen Wertekanon. Sie fordern Respekt vor der Würde und den unveräußerlichen Rechten aller Menschen und sind der zentrale Fixstern, wenn es darum geht, die Rechte aller Kinder im Ganztag zu verwirklichen.

Den Kinderrechtsansatz im Ganztag
zu verwirklichen bedeutet,
sämtliche Aspekte des Ganztags
mit Bezug zu Kindern
an den Rechten der
Kinder zu orientieren.

Ziel des Kinderrechtsansatzes ist es,
dass jedes Kind darauf vertrauen kann,
dass seine anerkannten Rechte
im Ganztag respektiert
und umgesetzt werden.

Jörg Maywald, S. 120

1 Den Ganztag vom Kind aus denken

IN DIESEM KAPITEL ERFAHREN SIE,

- dass Kinder eine Würde haben und Träger von Rechten sind
- was unter dem Vorrang des Kindeswohls zu verstehen ist
- wie Kindeswille und Kindeswohl zusammenhängen
- welches Verhältnis zwischen Kinderrechten und Elternrechen besteht

1.1 Das Kind als Rechtssubjekt

Jedes Kind ist einzigartig und hat eine eigene Würde. Als Subjekt ist es von Beginn an Träger eigener Rechte. Kinderrechte sind nicht abhängig von bestimmten Eigenschaften, sie müssen nicht erworben oder verdient werden, sondern sind unmittelbarer Ausdruck der jedem Kind innewohnenden und unveräußerlichen Würde.

Was aber ist die Würde des Kindes? Rechtlich handelt es sich bei der Menschenwürde um einen unbestimmten Rechtsbegriff, der juristisch nicht definiert ist und daher in jedem Einzelfall näher bestimmt werden muss. Bei den sozialphilosophischen Versuchen, die Menschenwürde zu definieren, treten die Aspekte der Subjektstellung und der bedingungslosen Anerkennung jedes Individuums besonders hervor. Die Würde des Menschen anzuerkennen heißt demnach, zu respektieren, dass jeder Mensch und damit auch jedes Kind um seiner selbst willen als Zweck an sich existiert und niemals zum Objekt oder bloßen Mittel herabgewürdigt werden darf.

Besonders markant hat Immanuel Kant den Gegensatz von Mittel und Zweck formuliert: „Handle so, dass du die Menschheit, sowohl in deiner Person als auch in der Person eines jeden anderen, jederzeit zugleich als Zweck, niemals bloß als Mittel brauchest" (Kant 1797/1983, S. 61). Kant führt diesen Gedanken wie folgt weiter: „Im Reich der Zwecke hat alles entweder einen Preis oder eine Würde. Was einen Preis hat, an dessen Stelle kann auch etwas anderes, als Äquivalent, gesetzt werden; was dagegen über allen Preis erhaben ist, das hat eine Würde" (ebd., S. 68). Die über jeden Preis erhabene menschliche Würde ist demnach mit dem Menschsein gegeben und insofern angeboren. Hierin liegt auch der Grund für die universelle Geltung der jedem Menschen innewohnenden und daher unveräußerlichen Würde. Ohne Ansehen der Person kommt sie jedem Menschen zu.

Um die Würde des Menschen zu achten und zu schützen, bedarf es grundlegender Menschenrechte. „Der Grund für die Gewährleistung fundamentaler Rechte liegt in der Würde des Menschen" (Bielefeldt 2007, S. 27). Die fundamentalen Menschenrechte sind daher ebenso wie die menschliche Würde untrennbar mit dem Menschsein verbunden. Sie stehen jedem Menschen allein deshalb zu, weil er ein Mensch ist. Menschenwürde und Menschenrechte haben eine Freiheits-, eine Gleichheits- und eine Inklusionsdimension. „Von der Trias Freiheit, Gleichheit, Inklusion her erweisen sich die einzelnen Menschenrechte als Bestandteil einer sie verbindenden gemeinsamen Zielsetzung" (Bielefeld 2011, S. 166).

Die Freiheitsdimension kommt in dem Respekt vor der Fähigkeit jedes Menschen zum Ausdruck, eigenaktiv zu sein, Verantwortung zu übernehmen und damit selbst- und mitverantwortlich zu handeln. Die Gleichheitsdimension äußert sich darin, dass Würde und Grundrechte jedem Menschen gleichermaßen zukommen. Als Subjekt übernimmt jeder Mensch Verantwortung, und alle Menschen sind hinsichtlich Menschenwürde und Menschenrechte gleich. Die Dimension der Inklusion schließlich macht deutlich, dass Freiheit nur im Miteinander der Menschen praktisch gelebt werden kann und auf die Solidarität der Menschen untereinander angewiesen ist.

Die Forderung nach gleichen und unveräußerlichen Rechten für alle Menschen wurzelt in den Ideen der Aufklärung. Sie ist ein zentraler Bestandteil der amerikanischen Unabhängigkeitserklärung von 1776 und der Erklärung der Menschen- und Bürgerrechte im Rahmen der Französischen Revolution von 1789. Auch wenn gleiche Rechte in der Realität noch lange Zeit auf bestimmte Bevölkerungsteile – zunächst vor allem auf Männer mit heller Hautfarbe, später dann auch auf Frauen – begrenzt blieben, war die Vorstellung allgemeiner und gleicher Rechte nicht mehr wegzudenken und wurde zum Bestandteil sämtlicher auf die Ideale der Menschenrechte aufbauender Emanzipationsbewegungen.

Universellen Anspruch auf Umsetzung unter Einbeziehung aller Gruppen der Bevölkerung erlangten die Menschenrechte erst in der Mitte des 20. Jahrhunderts. Vor dem Hintergrund der Erfahrungen mit dem menschenverachtenden Nationalsozialismus und des damit verbundenen Zweiten Weltkriegs verabschiedeten die Vereinten Nationen 1948 die Allgemeine Erklärung der Menschenrechte. In der Präambel heißt es: „Die Anerkennung der angeborenen Würde und der gleichen und unveräußerlichen Rechte aller Mitglieder der Gemeinschaft der Menschen [bildet] die Grundlage von Freiheit, Gerechtigkeit und Frieden in der Welt." Die bereits drei Jahre zuvor beschlossene Charta der Vereinten Nationen spricht ihrerseits vom „Glauben an die Grundrechte des Menschen, an Würde und Wert der menschlichen Persönlichkeit".

Wenige Monate nach Verabschiedung der Allgemeinen Erklärung der Menschenrechte trat in Deutschland das Grundgesetz in Kraft. Der Bezug auf die Würde und die unveräußerlichen Rechte jedes Menschen ist auch hier zentral: „Die Würde des Menschen ist unantastbar", lautet der erste Satz in Artikel 1 Absatz 1 des Grundgesetzes. Absatz 2 ergänzt: „Das deutsche Volk bekennt sich darum zu unverletzlichen und unveräußerlichen Menschenrechten als Grundlage jeder menschlichen Gemeinschaft, des Friedens und der Gerechtigkeit in der Welt."

Die Würde des Kindes zu achten und Kinder als Rechtssubjekte zu respektieren, ist Aufgabe aller Akteur:innen in der Arbeit mit Kindern und für Kinder. Mit der Orientierung an den Kinderrechten ist zugleich die Absage an paternalistische Haltungen verbunden. Kinder sind nicht bloß Objekt des Schutzes und der Fürsorge. Kinderrechtsschutz ist daher weitaus mehr als Kinderschutz. Eine an den Kinderrechten orientierte Pädagogik respektiert das Kind als eigenständigen Träger von Schutz-, Förder- und Beteiligungsrechten. Die Umsetzung der Rechte jedes Kindes ist somit ein zentraler Aspekt guter Qualität. Pädagogik im Ganztag muss ihren Erfolg daran messen lassen, inwieweit sie zur Verwirklichung der Kinderrechte beiträgt.

Kinderrechte sind die auf die besonderen Bedürfnisse von Kindern bezogenen Menschenrechte und berücksichtigen sowohl die Gleichheit als auch die Verschiedenheit zwischen Kindern und Erwachsenen. Werden der Status des Menschseins und die damit verbundenen Rechte als Maßstab des Vergleichs genommen, sind Kinder den Erwachsenen gleich. Zugleich unterscheiden sich Kinder zweifellos von Erwachsenen: Kinder sind keine kleinen Erwachsenen. Als „Seiende" sind sie einerseits Menschen wie alle anderen auch. Als „Werdende" sind sie andererseits Menschen in einer besonders verletzlichen Entwicklungsphase.

Das Verhältnis zwischen Erwachsenen und Kindern ist daher asymmetrisch: Erwachsene tragen Verantwortung für Kinder, nicht jedoch umgekehrt Kinder in gleicher Weise für Erwachsene. Aufgrund dieser Entwicklungstatsache brauchen

Kinder besonderen Schutz, besondere Förderung und besondere, kindgerechte Beteiligungsformen. Für eine gesunde Entwicklung sind sie auf Erwachsene angewiesen, die Verantwortung dafür übernehmen, dass die Kinder zu ihrem Recht kommen.

In pädagogischen Einrichtungen für Kinder, wie zum Beispiel im Ganztag, findet die Begegnung zwischen Erwachsenen und Kindern jeweils in zweifacher Weise statt. Einerseits – gemessen am Subjektstatus jedes Menschen – als Begegnung zwischen Gleichen. Dies kommt in der Forderung zum Ausdruck, dass pädagogische Beziehungen auf Augenhöhe erfolgen sollen. Wie alle Menschen sind Kinder als eigenständige und gleichwertige Persönlichkeiten zu achten. Sie sind (Rechts-) Subjekte und Experten in eigener Sache, ausgestattet mit einer jeweils individuellen Sichtweise, die es zu respektieren gilt. Kinder bringen ihre besonderen Bedürfnisse in die Beziehung ein und gestalten diese aktiv mit.

Andererseits ist die Beziehung zwischen pädagogischen Fachkräften und Kindern eine Begegnung zwischen Ungleichen. Die Fachkräfte stehen in der Verantwortung, Kinder zu ihrem Recht kommen zu lassen. Diese Verantwortung besteht nicht in gleicher Weise aufseiten des Kindes. Mit dieser Asymmetrie verbunden ist eine strukturelle Machtungleichheit. Erwachsene haben die Pflicht, ihre Macht nicht für eigene Zwecke, sondern ausschließlich an den besten Interessen des Kindes (Kindeswohl) orientiert zu nutzen.

Im pädagogischen Alltag ist die Parallelität von Gleichheit und Ungleichheit nicht immer leicht zu balancieren. Eine Reduktion auf das eine oder andere Element wird den Anforderungen an pädagogische Beziehungen nicht gerecht. Wird die Gleichheit überbewertet, so leugnet dies die zwischen Erwachsenen und Kindern notwendigerweise bestehenden Unterschiede. Kinder werden in diesem Fall wie kleine Erwachsene behandelt, und die pädagogische Beziehung pervertiert zur Kumpanei mit allen damit verbundenen Gefahren von Grenzverletzungen zulasten des Kindes.

Verschiebt sich umgekehrt die Balance einseitig in Richtung Ungleichheit, geschieht dies auf Kosten der Gleichwertigkeit von Kindern und Erwachsenen. Kinder werden in diesem Fall auf einen Status des „Noch-nicht" festgelegt. Die sich entwickelnden Fähigkeiten und die wachsende Bereitschaft von Kindern zu Verantwortungsübernahme bleiben unbeachtet. Die Verantwortung von Erwachsenen für Kinder verkehrt sich zur Verfügungsmacht über das Kind. Die pädagogische Beziehung erstarrt zu paternalistischer Inbesitznahme.

Bei der Bestimmung des Verhältnisses zwischen Kindern und Erwachsenen geht es also sowohl um Gleichberechtigung als auch um Anerkennung der Verschiedenheit. In der Balance von Gleichheit auf der einen und Verschiedenheit auf der anderen Seite liegt die besondere Herausforderung im Umgang der Erwachsenen mit den Kindern. Dieses ambivalente Verhältnis normativ angemessen zum Ausdruck zu bringen, ist die Aufgabe des internationalen wie auch des nationalen Rechts.

Mit der Anerkennung besonderer Bedürfnisse von Kindern, die von denen der Erwachsenen unterschieden werden können, ist die Erkenntnis verbunden, dass Kinder einen eigenen, auf ihre spezielle Situation zugeschnittenen Menschenrechtsschutz benötigen. Rund 40 Jahre nach Verabschiedung der Allgemeinen Erklärung der Menschenrechte haben die Vereinten Nationen daher 1989 die UN-Kinderrechtskonvention verabschiedet, die in spezifischer Weise die jedem Kind zustehenden Menschenrechte normiert.

Die Kinderrechtskonvention ist Bestandteil einer Reihe internationaler Konventionen, in denen die Menschenrechte für besonders schutzbedürftige Gruppen der Bevölkerung formuliert wurden. Hierzu gehören unter anderem die Konvention zur Beseitigung jeder Form von Diskriminierung der Frau (UN-Frauenrechtskonvention) und die Konvention für die Rechte von Menschen mit Behinderungen (UN-Behindertenrechtskonvention).

Die in der UN-Kinderrechtskonvention niedergelegten Rechte sind nicht etwa „andere“, jenseits der allgemeinen Menschenrechte angesiedelte Rechte, denn „der Geist der Kinderrechte kommt aus dem Zentrum menschenrechtlichen Denkens“ (Kerber-Ganse 2009, S. 71). Vielmehr spezifiziert und erweitert die Kinderrechtskonvention die allgemeinen Menschenrechte in Bezug auf die besonderen Belange von Kindern. Kinderrechte sind insofern Menschenrechte für Kinder. Die Konvention enthält daher sowohl die für alle Menschen geltenden Rechte (equal rights) als auch eine Reihe spezifischer, auf die besondere Situation von Kindern zugeschnittene Rechte (special rights) (Hanson 2008, S. 8).

1.2 Grundbedürfnisse und Grundrechte: Der Vorrang des Kindeswohls

Artikel 3 Absatz 1 UN-Kinderrechtskonvention: Vorrang des Kindeswohls
Bei allen Maßnahmen, die Kinder betreffen (...), ist das Wohl des Kindes ein Gesichtspunkt, der vorrangig zu berücksichtigen ist.

§

„Kindeswohl" (im englischen Original der UN-Kinderrechtskonvention: „best interests of the child") ist nicht nur der wichtigste pädagogische Begriff, wenn es darum geht, die Interessen von Kindern zu berücksichtigen. Er ist zugleich die zentrale juristische Norm im Bereich des Kindschafts- und Familienrechts. Gemäß Paragraf 1627 Bürgerliches Gesetzbuch (BGB) sind die Eltern gehalten, die elterliche Sorge „zum Wohl des Kindes auszuüben". In Paragraf 1697a BGB wird das Kindeswohl zum allgemeinen Prinzip familiengerichtlicher Entscheidungen erhoben. Dort heißt es: „Soweit nichts anderes bestimmt ist, trifft das Gericht (...) diejenige Entscheidung, die unter Berücksichtigung der tatsächlichen Gegebenheiten und Möglichkeiten sowie der berechtigten Interessen der Beteiligten dem Wohl des Kindes am besten entspricht."

Juristisch handelt es sich beim Begriff des Kindeswohls um einen unbestimmten Rechtsbegriff, der sich einer allgemeinen Definition entzieht und daher der Interpretation im Einzelfall bedarf. Um eine solche auf den Einzelfall bezogene Auslegung vornehmen zu können, sind Jurist:innen regelmäßig auf außerjuristische Erkenntnisse, insbesondere aus den Medizin- und Sozialwissenschaften, angewiesen.

In sozialwissenschaftlicher Perspektive ist der Kindeswohl-Begriff das zentrale Instrument zur Auslegung von Kindesinteressen. Eine nähere begriffliche Bestimmung muss daher so präzise und trennscharf wie möglich und zugleich ausreichend flexibel sein, um der Kontextgebundenheit und Komplexität jedes Einzelfalls zu genügen.

Die folgenden vier Elemente sollten **Bestandteil einer Definition** sein:

1. Orientierung an den Grundrechten der Kinder als normative Bezugspunkte für das, was jedem Kind zusteht
2. Orientierung an den Grundbedürfnissen von Kindern als Beschreibungen dessen, was für eine gesunde kindliche Entwicklung im Sinne anerkannter Standards unabdingbar ist

3. Gebot der Abwägung als Ausdruck der Erkenntnis, dass Kinder betreffende Entscheidungen prinzipiell mit Risiken behaftet sind und daher versucht werden muss, die für das Kind jeweils günstigste Handlungsalternative zu wählen
4. Prozessorientierung als Hinweis auf die Tatsache, dass Kinder betreffende Entscheidungen aufgrund ihrer starken Kontextabhängigkeit einer laufenden Überprüfung und gegebenenfalls Revision bedürfen

„Ein am Wohl des Kindes ausgerichtetes Handeln ist dasjenige, welches die an den Grundrechten und Grundbedürfnissen von Kindern orientierte, für das Kind jeweils günstigste Handlungsalternative wählt"

(Maywald 2019, S. 13).

Für eine Bestimmung des Kindeswohls ist neben dem Bezug auf die grundlegenden Rechte von Kindern (vgl. Kapitel 3) eine Orientierung an den Grundbedürfnissen von Kindern (basic needs) notwendig. Der Vorschlag, einen **Katalog von kindlichen Grundbedürfnissen** zu definieren, stammt von dem Kinderarzt T.Berry Brazelton und dem Kinder- und Jugendpsychiater Stanley I. Greenspan (2008). In ihrem Buch „Die sieben Grundbedürfnisse von Kindern" kommen sie zu folgender Auflistung (Erläuterungen von Resch & Lehmkuhl 2008):

Das Bedürfnis nach beständigen, liebevollen Beziehungen: Damit Kinder Vertrauen und Mitgefühl entwickeln können, benötigen sie eine einfühlsame und fürsorgliche Betreuung. Jedes Kind braucht mindestens eine erwachsene Person – besser zwei oder drei –, zu der es gehört und die das Kind so annimmt, wie es ist. Sichere und einfühlsame Beziehungen ermöglichen dem Kind, seine eigenen Gefühle in Worte zu fassen und eigenständige Beziehungen zu Gleichaltrigen und zu Erwachsenen aufzunehmen. Zudem bilden sie die Grundlage nicht nur der meisten intellektuellen Fähigkeiten des Kindes, sondern auch für Kreativität und die Fähigkeit zu abstraktem Denken. Auch das moralische Empfinden für das, was richtig und was falsch ist, bildet sich vor dem Hintergrund früher emotionaler Erfahrungen heraus.

Das Bedürfnis nach körperlicher Unversehrtheit und Sicherheit: Von Geburt an brauchen Kinder eine gesunde Ernährung und angemessene Gesundheitsfürsorge. Dazu gehören ausreichend Ruhe, aber auch Bewegung, medizinische Vorsorge und die fachgerechte Behandlung auftretender Krankheiten. Gewalt in jeder Form ist als Erziehungsmittel tabu. Körperliche Bestrafungen, seelische Verletzungen und andere entwürdigende Maßnahmen gerade durch die Personen, die dem Kind nahestehen, sind mit nachhaltigen Schäden für Körper und Seele des Kindes verbunden.

Das Bedürfnis nach individuellen Erfahrungen: Jedes Kind ist einzigartig und will mit seinen Eigenarten akzeptiert und wertgeschätzt werden. Kinder kommen nicht nur mit unterschiedlichem Aussehen und anderen körperlichen Unterschieden zur Welt. Auch angeborene Temperamentseigenschaften unterscheiden sich sehr, sogar bei Kindern aus derselben Familie. Manche Kinder sind stärker zu beeindrucken als andere, regen sich schneller auf, sind hochaktiv und finden schlechter wieder zur Ruhe zurück. Andere dagegen sind insgesamt passiver, reagieren gelassen und verhalten sich eher introvertiert. Kinder wollen in ihren individuellen Gefühlen bestätigt werden. Sie wollen, dass ihre Talente und Fertigkeiten gefordert und nicht für zu hochgesteckte Entwicklungsziele missbraucht werden. Aber auch wenn Talente und Begabungen nicht erkannt werden, kann dies beim Kind zu Entwicklungsbeeinträchtigungen führen.

Das Bedürfnis nach entwicklungsgerechten Erfahrungen: Kinder müssen im Laufe ihrer Entwicklung unterschiedliche Entwicklungsphasen und -aufgaben bewältigen. In einer bestimmten Phase lernen sie zum Beispiel, anteilnehmende und einfühlsame Beziehungen zu anderen Menschen zu knüpfen, während sie in einem anderen Stadium zu kreativem und logischem Denken vordringen. In jeder Entwicklungsphase sind altersgerechte Erfahrungen notwendig. Kinder meistern Entwicklungsaufgaben in sehr unterschiedlichem Tempo. Der Versuch, das Kind anzutreiben, kann die Entwicklung insgesamt hemmen. Auch übermäßige Behütung und Verwöhnung können Kindern Schaden zufügen. Stolpersteine müssen von ihnen in einem geschützten Rahmen selbstständig überwunden werden. Wenn wohlmeinende Erwachsene diese immer wieder aus dem Weg räumen, unterschätzen sie die Fähigkeit der Kinder, sie selbst überwinden zu können.

Das Bedürfnis nach Grenzen und Strukturen: Damit Kinder Freiräume erobern und sich gefahrlos entwickeln können, brauchen sie sinnvolle Begrenzungen und Regeln. Wohlwollende erzieherische Grenzsetzung fördert die Kinder auf liebevolle Weise und bei ihnen die Entwicklung innerer Strukturen. Grenzen sollten auf Zuwendung und Fürsorge, nicht auf Angst und Strafe aufbauen. Schläge und andere Formen von Gewalt oder Erniedrigung sind als Maßnahmen der Grenzsetzung nicht akzeptabel und gesetzlich verboten. Kinder erziehen bedeutet nicht, sie für ihr Fehlverhalten zu bestrafen, sondern ihnen die Anerkennung von Regeln und Grenzen zu erleichtern. Kinder leiden auch, wenn die Grenzsetzung unzureichend ist. Beim Kind entstehen dadurch unrealistische Erwartungen, die schließlich über das Scheitern an der Wirklichkeit zu Frustration, Enttäuschung und Selbstabwertung führen.

Das Bedürfnis nach stabilen und unterstützenden Gemeinschaften: Mit zunehmendem Alter gewinnt die Gruppe der Gleichaltrigen immer mehr an Bedeutung für Persönlichkeitsentwicklung und Selbstwertgefühl der Kinder und Jugendlichen. Die Entwicklung von Freundschaften ist eine wichtige Basis für das soziale Lernen. Soziale Kontakte, Einladungen zu anderen Kindern, Übernachtungen außerhalb des Elternhauses stellen wichtige Voraussetzungen für die Entwicklung sozialer Fertigkeiten dar. Kinder und Jugendliche lernen, sich selbst besser einzuschätzen und zu behaupten, Kompromisse einzugehen, auf andere Rücksicht zu nehmen sowie Freundschaft und Partnerschaft zu leben. Dies fördert das Gefühl für Zusammengehörigkeit, Gerechtigkeit und Solidarität.

Das Bedürfnis nach einer sicheren Zukunft für die Menschheit: Das siebte Grundbedürfnis von Kindern betrifft die Zukunftssicherung. Immer mehr hängt das Wohl jedes einzelnen Kindes mit dem Wohl aller Kinder dieser Welt zusammen. Die Erwachsenen gestalten die Rahmenbedingungen für die nächste Generation. Weltweite Politik, Wirtschaft, Kultur und Gesellschaft tragen hier eine bisher nicht eingelöste Verantwortung. Ob Kinder und Jugendliche diese Welt als gestaltbares Ordnungsgefüge oder unheimliches Chaos erleben, wird an der Entwicklung ihrer Persönlichkeiten liegen, welche die Eltern und alle anderen Erwachsenen mit ihren je eigenen Persönlichkeiten mitzugestalten geholfen haben.

1.3 Kindeswille und Kindeswohl

Ein an den Kinderrechten orientiertes Verständnis des Kindeswohls schließt die Berücksichtigung des kindlichen Willens ein. Bezugspunkt dafür ist das in Artikel 12 UN-Kinderrechtskonvention niedergelegte Recht des Kindes auf Beteiligung an allen seine Person betreffenden Entscheidungen.

§

Artikel 12 UN-Kinderrechtskonvention: Berücksichtigung des Kindeswillens

(1) Die Vertragsstaaten sichern dem Kind, das fähig ist, sich eine eigene Meinung zu bilden, das Recht zu, diese Meinung in allen das Kind berührenden Angelegenheiten frei zu äußern, und berücksichtigen die Meinung des Kindes angemessen und entsprechend seinem Alter und seiner Reife.

(2) Zu diesem Zweck wird dem Kind insbesondere die Gelegenheit gegeben, in allen das Kind berührenden Gerichts- oder Verwaltungsverfahren

entweder unmittelbar oder durch einen Vertreter oder eine geeignete Stelle im Einklang mit den innerstaatlichen Verfahrensvorschriften gehört zu werden.

§

Entsprechende Regelungen in der deutschen Gesetzgebung sehen eine Beteiligung des Kindes an den es betreffenden Angelegenheiten im Rahmen der Familie vor. Gemäß Paragraf 1626 Absatz 2 Bürgerliches Gesetzbuch (BGB) sind die Eltern angehalten, Fragen der elterlichen Sorge mit dem Kind altersgemäß zu besprechen und Einvernehmen anzustreben.

§ 1626 Absatz 2 BGB: Beteiligung des Kindes in der Familie
Bei der Pflege und Erziehung berücksichtigen die Eltern die wachsende Fähigkeit und das wachsende Bedürfnis des Kindes zu selbstständigem verantwortungsbewusstem Handeln. Sie besprechen mit dem Kind, soweit es nach dessen Entwicklungsstand angezeigt ist, Fragen der elterlichen Sorge und streben Einvernehmen an.

§

Auch im Bereich der Kinder- und Jugendhilfe ist das Recht jedes Kindes auf Beteiligung gesetzlich verankert. Gemäß Paragraf 8 Sozialgesetzbuch (SGB) VIII (Kinder- und Jugendhilfe) sind „Kinder und Jugendliche (...) entsprechend ihrem Entwicklungsstand an allen sie betreffenden Entscheidungen der öffentlichen Jugendhilfe zu beteiligen". Sie haben das Recht, „sich in allen Angelegenheiten der Erziehung und Entwicklung an das Jugendamt zu wenden" und dort auch ohne Kenntnis ihrer Eltern beraten zu werden. Die Beteiligung und Beratung der Kinder und Jugendlichen müssen „in einer für sie verständlichen, nachvollziehbaren und wahrnehmbaren Form" erfolgen.

In Verfahren vor dem Familiengericht, welche die elterliche Sorge betreffen, erfolgt die Beteiligung des Kindes gemäß dem Familienverfahrensgesetz (FamFG) durch persönliche Anhörung (§ 159 FamFG) und durch die Bestellung eines Verfahrensbeistands (§ 158 FamFG) in den dafür vorgesehenen Fällen.

Das Recht des Kindes auf Beteiligung ist nicht an eine Altersgrenze gebunden und gilt für alle Kinder. Besondere Herausforderungen ergeben sich bei Kindern mit speziellen Bedürfnissen, zum Beispiel aufgrund von Krankheit, Behinderung, Migrations- oder Gewalterfahrung. Hier sind besondere (u. a. empathische) Fähigkeiten der verantwortlichen Erwachsenen notwendig, um auch diese Kinder angemessen an den sie betreffenden Entscheidungen zu beteiligen.

Die Berücksichtigung des Kindeswillens als bedeutsamer Teilaspekt des Kindeswohls bedeutet nicht, dass die Entscheidung durch den kindlichen Willen allein bestimmt wird. Nicht eine das Kind in manchen Fällen überfordernde Selbstbestimmung ist Ziel seiner Beteiligung. Vielmehr soll sichergestellt werden, dass die Sichtweise des Kindes in Entscheidungsprozessen angemessen berücksichtigt wird. Die Verpflichtung der verantwortlichen Erwachsenen (insbesondere der Eltern), das Kind bei der Ausübung seiner Rechte zu leiten, bleibt davon unberührt.

Auch im gerichtlichen Zusammenhang hat sich der kindliche Wille im Konfliktfall dem Kindeswohl unterzuordnen. „Der Kindeswille als Ausdruck des ‚subjektiven Kindesinteresses' bleibt Gesichtspunkt im Rahmen des übergeordneten Entscheidungsmaßtabs Kindeswohl, d. h. des ‚wohlverstandenen Kindesinteresses'. Demgemäß muss die Verträglichkeit der vom Kind gewünschten Lösung mit seinem ‚Wohl' geprüft werden. Der Kindeswille bindet das Gericht nicht. Die ‚wohlverstandenen Kindesinteressen' können es rechtfertigen, auch von einem grundsätzlich nachvollziehbaren Kindeswillen abzuweichen" (von Staudinger & Coester 2000, § 1671, Rz. 234).

1.4 Kinderrechte und Elternrechte

Manche Erwachsene äußern Vorbehalte gegenüber der Anerkennung kindlicher Rechte. Häufig wird damit die Vorstellung verbunden, Kindern sei es nunmehr erlaubt, „alles" alleine zu bestimmen. Bei näherem Hinsehen allerdings stellt sich diese Auffassung als ein Missverständnis dar. Zwar ist die Anerkennung des Kindes als Träger eigener Rechte Ausdruck für einen tiefgreifenden Wandel im Verhältnis der Erwachsenen zu den Kindern. Hier zeigt sich der Übergang zu einem neuen Generationenverhältnis. An die Stelle der Unterordnung des Kindes unter den Willen und die Macht der Eltern tritt eine Beziehung auf der Basis gleicher Grundrechte, in der die Würde und die Rechte des Kindes neben denen der Erwachsenen einen selbstverständlichen Platz einnehmen.

Jedoch hat dieser Perspektivenwechsel nicht zur Folge, tatsachlich bestehende Unterschiede zwischen Erwachsenen und Kindern einfach einzuebnen: Kinder sind keine kleinen Erwachsenen. Aufgrund ihres Alters, aufgrund ihrer sich entwickelnden körperlichen und geistigen Fähigkeiten brauchen Kinder ein Recht auf Kindheit, auf einen Schon- und Spielraum, in dem Verantwortlichkeit wachsen und eingeübt werden kann. In dieser Spannung zwischen Gleichheit auf der einen – Kinder sind Menschen – und Differenz auf der anderen Seite – Kinder haben altersbedingte spezifische Bedürfnisse – liegt das besondere Verhältnis zwischen Erwachsenen und Kindern. Das Elternrecht ist daher ausschließlich als pflichtgebundenes, treuhänderisches Recht zu verstehen, das seine Grenze am Wohl des Kindes findet.

Artikel 5 UN-Kinderrechtskonvention: Respektierung des Elternrechts
Die Vertragsstaaten achten die Aufgaben, Rechte und Pflichten der Eltern (...), das Kind bei der Ausübung der in diesem Übereinkommen anerkannten Rechte in einer seiner Entwicklung entsprechenden Weise angemessen zu leiten und zu führen.

§

Das in der UN-Kinderrechtskonvention (Art. 5 und 18) ebenso wie im Grundgesetz (Art. 6 Abs. 2) verbürgte Elternrecht ist das einzige Grundrecht, das als fremdnütziges Recht ausschließlich zugunsten eines Dritten, nämlich des Kindes, ausgeübt werden darf. Elternrecht heißt daher vor allem Elternverantwortung. Diese Verantwortung beinhaltet das Recht und die Pflicht der Eltern, „das Kind bei der Ausübung (seiner) anerkannten Rechte in einer seiner Entwicklung entsprechenden Weise angemessen zu leiten und zu führen“ (Art. 5 UN-Kinderrechtskonvention). Eine Orientierung an den Kinderrechten stärkt insofern die Elternverantwortung und bindet diese zugleich an das Wohl des Kindes.

2 Kinderrechte – ein Blick zurück nach vorn

IN DIESEM KAPITEL ERFAHREN SIE,

- wie sich das Bild vom Kind allmählich gewandelt hat
- auf welche Weise die Rechte der Kinder weltweit Anerkennung gefunden haben
- welche Kinderrechte sich in Deutschland durchgesetzt haben

2.1 Der gesellschaftliche Wandel im Bild vom Kind

Kinder als eigenständige Persönlichkeiten und Träger eigener Rechte anzusehen ist historisch betrachtet relativ neu. Das hängt mit dem Wandel im Bild vom Kind zusammen. Über Jahrtausende hinweg galten Kinder als noch nicht vollwertige Menschen, den Erwachsenen in jeder Hinsicht unterlegen und ihnen rechtlich nicht gleichgestellt. Kindheit wurde als Phase menschlicher Unvollkommenheit angesehen, die es so schnell wie möglich zu überwinden galt. Im Verhältnis der Generationen waren die jüngsten und schwächsten Mitglieder der Gesellschaft zugleich diejenigen mit den geringsten Rechten.

Im patriarchalischen römischen Recht lag es in der Hand des Vaters, ein neu geborenes Kind anzunehmen oder eben nicht (ius vitae et necis: Recht über Leben und Tod). In vielen Fällen wurden Mädchen, die als weniger wertvoll angesehen wurden, und in den meisten Fällen Kinder mit Behinderungen nicht angenommen und waren damit dem Tode geweiht. Tiefgreifende Veränderungen setzten vor rund zweitausend Jahren ein, nicht zuletzt unter dem Einfluss der großen Weltreligionen. Kinder erhielten das Recht auf Leben, Kindesaussetzungen und Kindestötungen wurden verboten. An vielen Orten entstanden Findel- und Waisenhäuser.

Im Zuge der Aufklärung wandelte sich das Bild vom Kind erneut. Die Kindheit als Erfindung der Moderne – als Lebensabschnitt mit eigenen Bedürfnissen – wurde geboren. Zu der Anerkennung des eigenständigen Lebensrechts des Kindes trat die Auffassung hinzu, dass Kinder einer besonderen Förderung bedürfen. Der Kindergarten und die Schule kamen als Orte der Erziehung zur Familie hinzu. Verbote von „grober" Misshandlung und „unangemessener" Züchtigung durch Eltern, Lehrer, Lehrherren sowie Heim- und Gefängnisaufseher sollten die schlimmsten Auswüchse von Gewalt gegen Kinder verhindern.

Erste Bestrebungen, Kinder nicht mehr nur als Objekte der Erwachsenen anzusehen, sondern als individuelle Persönlichkeiten mit eigenen Rechten, sind kaum mehr als hundert Jahre alt. Und erst in der zweiten Hälfte des 20. Jahrhunderts wurden Kinder auf globaler Ebene allmählich als Träger von Rechten anerkannt.

2.2 Kinderrechte international

Unter dem Eindruck massenhaften Kinderelends infolge des Ersten Weltkriegs gründete die englische Grundschullehrerin Eglantyne Jebb 1920 das britische Komitee „Save the Children International Union" als ersten internationalen Lobbyverband für die Interessen von Kindern. Ein von ihr entworfenes Fünf-Punkte-Programm (Children's Charter) enthielt grundlegende Schutzverpflichtungen der Erwachsenen gegenüber den Kindern und endete mit der Aufforderung, Kinder im Geiste des internationalen Friedens zu erziehen. Der 1919 gegründete Völkerbund übernahm diese Charta und verkündete sie 1924 als „Genfer Deklaration über die Rechte des Kindes".

Etwa zeitgleich proklamierte Janusz Korczak, polnischer Kinderarzt und Pädagoge jüdischer Abstammung, in den 1920er Jahren ein Recht jedes Kindes auf unbedingte Achtung seiner Persönlichkeit als Grundlage sämtlicher Kinderrechte. Als Leiter eines jüdischen Waisenhauses in Warschau forderte er umfassende Mitwirkungsrechte für Kinder und überwand damit die Vorstellung einer allein von Schutz und Forderung geprägten Sichtweise zugunsten eines Bildes vom Kind, das von Gleichwertigkeit und Respekt geprägt wird. „Das Kind wird nicht erst ein Mensch, es ist schon einer" lautete die Quintessenz seiner der damaligen Zeit weit vorauseilenden Anschauung.

Nach den Rückschlägen durch Nationalsozialismus und Zweiten Weltkrieg setzten die Vereinten Nationen als Nachfolger des Völkerbundes die Beratungen über Menschen- und Kinderrechte fort. Bereits 1945 wurde in San Francisco die Charta der Vereinten Nationen verabschiedet, 1948 folgte in Paris die Verabschiedung der Allgemeinen Erklärung der Menschenrechte. Rund zehn Jahre später standen die Kinderrechte erneut auf der Tagesordnung. Ein überarbeiteter und auf zehn Artikel erweiterter Text der „Genfer Deklaration" wurde 1959 von der Vollversammlung der Vereinten Nationen als „Deklaration über die Rechte des Kindes" verabschiedet. In dieser nicht rechtsverbindlichen Deklaration wird das Kind erstmals auf internationaler Ebene als Träger eigener Rechte bezeichnet. Außerdem wurde der Begriff des Kindeswohls (best interests of the child) eingeführt.

Vor dem Hintergrund großer Hungerkatastrophen, aber auch aufgrund der Erfahrung von Entkolonialisierung und weltweiter Freiheitsbestrebungen trat in den 1970er Jahren die immense Ungleichheit von Lebenschancen der Kinder immer stärker in das Bewusstsein der Weltöffentlichkeit. In der Folge nahmen sich die Vereinten Nationen erneut der Sache der Kinder an. Anlässlich des 20. Jahrestages der Verabschiedung der „Deklaration über die Rechte des Kindes" beschloss die UN-Vollversammlung, das Jahr 1979 zum „Internationalen Jahr des Kindes" auszurufen. Außerdem beauftragte sie auf Initiative Polens hin eine Arbeitsgruppe, eine völkerrechtsverbindliche Kinderrechtskonvention zu erarbeiten.

Zehn Jahre später wurde dann am 20. November 1989 in der 44. Vollversammlung der Vereinten Nationen die Konvention über die Rechte des Kindes (UN-Kinderrechtskonvention) einstimmig verabschiedet. Die Kinderrechtskonvention ist das weltweit am meisten ratifizierte Menschenrechtsübereinkommen. Insgesamt 196 Staaten haben sie ratifiziert und die Konvention damit innerstaatlich für verbindlich erklärt. Lediglich die USA stimmten zwar der Verabschiedung zu, gehören jedoch nicht zu den Ratifikationsstaaten.

Zwölf Jahre nach Inkrafttreten der Konvention fand 2002 in New York eine Sondergeneralversammlung der Vereinten Nationen zu Kindern statt, der sogenannte Weltkindergipfel, in dessen Rahmen der Internationale Aktionsplan „A World fit for Children" verabschiedet wurde. In Ergänzung zur UN-Kinderrechtskonvention traten 2002 die beiden Fakultativprotokolle über „Kinder in bewaffneten Konflikten" und „Betreffend den Kinderhandel, die Kinderprostitution und die Kinderpornografie" in Kraft. Im Jahr 2014 folgte das Fakultativprotokoll betreffend ein Individualbeschwerdeverfahren, das Kindern, deren Rechte nach der Konvention verletzt wurden, unter bestimmten Umständen eine Beschwerde beim UN-Ausschuss für die Rechte des Kindes in Genf ermöglicht.

Auch die Europäische Union mit ihren 27 Mitgliedsstaaten bekennt sich zu unveräußerlichen Menschenrechten. Die 2009 in Kraft getretene Charta der Grundrechte der Europäischen Union enthält einen eigenen Artikel „Kinderrechte". In Artikel 24 (Rechte des Kindes) sind die wichtigsten Rechte der UN-Kinderrechtskonvention niedergelegt.

Entwicklung der Kinderrechte weltweit

1924: Völkerbund verabschiedet „Genfer Deklaration über die Rechte des Kindes"; Schutzverpflichtungen der Erwachsenen gegenüber Kindern

1945: Charta der Vereinten Nationen

1948: Allgemeine Erklärung der Menschenrechte

1959: Vereinte Nationen verabschieden „Deklaration über die Rechte des Kindes"; Kinder werden erstmals als Träger von Rechten bezeichnet; der Begriff des Kindeswohls (best interests of the child) wird eingeführt

1979: Internationales Jahr des Kindes

1989: Vollversammlung der Vereinten Nationen beschließt einstimmig die Konvention über die Rechte des Kindes (UN-Kinderrechtskonvention)

2002: Sondergeneralversammlung der Vereinten Nationen zu Kindern in New York (Weltkindergipfel); Verabschiedung des Internationalen Aktionsplans „A World fit for Children"

2002: Fakultativprotokolle zur UN-Kinderrechtskonvention über „Kinder in bewaffneten Konflikten" und „Betreffend den Kinderhandel, die Kinderprostitution und die Kinderpornografie" treten in Kraft

2006: Die Vereinten Nationen verabschieden die Konvention über die Rechte von Menschen mit Behinderungen (UN-Behindertenrechtskonvention, u. a. mit der Verpflichtung in Artikel 24, ein inklusives Bildungssystem aufzubauen)

2014: Fakultativprotokoll zur UN-Kinderrechtskonvention betreffend ein Individualbeschwerdeverfahren tritt in Kraft

2.3 Die Entwicklung der Kinderrechte in Deutschland

Auch in Deutschland ist es zu einem tiefgreifenden und noch nicht abgeschlossenen Perspektivenwechsel gekommen, was das gesellschaftliche Bild vom Kind und die Rechte von Kindern betrifft. Auch hierzulande werden Kinder rechtlich weitgehend nicht mehr als Objekte der Erwachsenen, sondern als Subjekte und Träger eigener Rechte behandelt. Ein erster Schritt zur Formulierung eigener Kinderrechte erfolgte 1922 mit Inkrafttreten des Reichsjugendwohlfahrtsgesetzes, das auf eine Initiative der 33 weiblichen Abgeordneten aus allen Reichstagsfraktionen zurückging. In Paragraf 1 Absatz 1 hieß es: „Jedes deutsche Kind hat ein Recht auf Erziehung zur leiblichen, seelischen und gesellschaftlichen Tüchtigkeit.“ Zwar war dieses allein auf Kinder deutscher Staatsangehörigkeit beschränkte Recht auf Erziehung nicht mehr als ein Programmsatz ohne sich daraus ergebende subjektive Rechtsansprüche, aber ein Anfang war gemacht. Eine Weiterentwicklung erfolgte zunächst allerdings nicht, im Gegenteil: Nationalsozialismus und Zweiter Weltkrieg unterbrachen den zaghaften Reformprozess während der Weimarer Republik und warfen das Kind erneut zurück in eine umfassende Abhängigkeit von Eltern und Staat.

Auch die Nachkriegsjahre waren zunächst von Stillstand geprägt.* Erst in den 1970er Jahren kam – in Westdeutschland – Bewegung auf, nicht zuletzt durch die Enthüllungen über unhaltbare Zustände in zahlreichen Kinderheimen im Zuge der sogenannten Heimkampagne sowie durch die Aktivitäten der Frauenrechts- und einer sich neu bildenden Kinderschutzbewegung. Im Zusammenhang mit der umfassenden Sorgerechtsreform von 1980 wurde der Übergang von der elterlichen „Gewalt“ zur elterlichen „Sorge“ vollzogen. Außerdem wurde Paragraf 1626 Absatz 2 in das BGB eingefügt, der erstmals die Mitsprache von Kindern an allen sie betreffenden elterlichen Entscheidungen rechtsverbindlich vorsah.

Weitere Verbesserungen im BGB brachte die Kindschaftsrechtsreform von 1998, darunter die weitgehende Gleichstellung ehelicher und nicht ehelicher Kinder. Außerdem wurde das Recht des Kindes eingeführt, nach einer Trennung oder Scheidung der Eltern Umgang mit beiden Elternteilen zu haben. Weiterhin haben Kinder seitdem die Möglichkeit, in Verfahren, welche die elterliche Sorge betreffen, vom Familiengericht einen Verfahrensbeistand als „Anwalt des Kindes“ zur Seite gestellt zu bekommen.

Ein besonders wichtiger Baustein in der Kette bedeutender Kinderrechte ist das im Jahr 2000 verabschiedete Gesetz zur Ächtung der Gewalt in der Erziehung. Gemäß Paragraf 1631 Absatz 2 BGB haben Kinder seitdem ein Recht auf Pflege und Erziehung unter Ausschluss von Gewalt. Körperliche Bestrafungen, seelische Verletzungen und andere entwürdigende Maßnahmen sind auch seitens der eigenen Eltern unzulässig.

* Die in Teilen unterschiedliche Entwicklung in der DDR bleibt hier unberücksichtigt.

Das 1990 in Kraft getretene und seither vielfach reformierte Kinder- und Jugendhilfegesetz (Sozialgesetzbuch VIII) benennt Kinder und Jugendliche ausdrücklich als Träger eigener Rechte. In Paragraf 1 Absatz 1 SGB VIII ist das Recht jedes jungen Menschen auf „Förderung seiner Entwicklung und auf Erziehung zu einer selbstbestimmten, eigenverantwortlichen und gemeinschaftsfähigen Persönlichkeit" niedergelegt. Nach Paragraf 8 Absatz 1 SGB VIII sind Kinder und Jugendliche „entsprechend ihrem Entwicklungsstand an allen sie betreffenden Entscheidungen der öffentlichen Jugendhilfe zu beteiligen. Sie sind in geeigneter Weise auf ihre Rechte im Verwaltungsverfahren sowie im Verfahren vor dem Familiengericht, dem Vormundschaftsgericht und dem Verwaltungsgericht hinzuweisen". Weiterhin haben sie das Recht, „sich in allen Angelegenheiten der Erziehung und Entwicklung an das Jugendamt zu wenden" (§ 8 Absatz 2 SGB VIII) und dort auch „ohne Kenntnis des Personensorgeberechtigten [beraten zu werden], solange durch die Mitteilung an den Personensorgeberechtigten der Beratungszweck vereitelt würde" (§ 8 Absatz 3 SGB VIII). Die Beteiligung und Beratung von Kindern und Jugendlichen müssen „in einer für sie verständlichen, nachvollziehbaren und wahrnehmbaren Form [erfolgen]" (§ 8 Absatz 4 SGB VIII).

Im Falle einer Trennung oder Scheidung der Eltern haben Kinder gemäß Paragraf 18 Absatz 3 SGB VIII „Anspruch auf Beratung und Unterstützung bei der Ausübung des Umgangsrechts". Weiterhin enthält das Kinder- und Jugendhilfegesetz einen Anspruch des Kindes auf Eingliederungshilfe bei seelischer Behinderung (§ 35a SGB VIII) und auf Inobhutnahme in Krisensituationen, „wenn das Kind oder der Jugendliche um Obhut bittet" (§ 42 Absatz 1 SGB VIII).

Das Recht, Hilfen zur Erziehung in Anspruch zu nehmen, ist zwar gemäß Paragraf 27 Absatz 1 SGB VIII als Recht der Eltern und nicht als Recht des Kindes formuliert. Dennoch haben Kinder gemäß Paragraf 36 Absatz 1 SGB VIII das Recht, „vor der Entscheidung über die Inanspruchnahme einer Hilfe und vor einer notwendigen Änderung von Art und Umfang der Hilfe" beraten zu werden. Die Beratung muss in einer für „das Kind oder den Jugendlichen verständlichen, nachvollziehbaren und wahrnehmbaren Form erfolgen".

Im Jahr 1996 kam in Paragraf 24 SGB VIII der Anspruch des Kindes auf den Besuch einer Tageseinrichtung vom vollendeten dritten Lebensjahr an hinzu, der ausdrücklich als Recht des Kindes und nicht der Eltern formuliert wurde; 2013 wurde dieser Anspruch auf alle Kinder vom vollendeten ersten Lebensjahr an ausgedehnt. Im Oktober 2021 wurde das Ganztagsförderungsgesetz (GaFöG) verabschiedet, das die stufenweise Einführung eines Rechtsanspruchs auf ganztägige Förderung für Grundschulkinder ab dem Jahr 2026 vorsieht.

Auch das seit 2012 geltende Bundeskinderschutzgesetz (BKiSchG) und das im Juni 2021 in Kraft getretene Kinder- und Jugendstärkungsgesetz (KJSG) haben die Rechte von Kindern insbesondere in Einrichtungen gestärkt. Gemäß Paragraf 45 Absatz 2 SGB VIII müssen die Träger von Einrichtungen der Kinder- und Jugendhilfe im Zuge des Betriebserlaubnisverfahrens nun darlegen, dass „zur Sicherung der Rechte und des Wohls von Kindern und Jugendlichen in der Einrichtung die Entwicklung, Anwendung und Überprüfung eines Konzepts zum Schutz vor Gewalt, geeignete Verfahren der Selbstvertretung und Beteiligung sowie der Möglichkeit der Beschwerde in persönlichen Angelegenheiten innerhalb und außerhalb der Einrichtung gewährleistet werden".

Schließlich verfolgt das 2021 in Kraft getretene novellierte Jugendschutzgesetz (JuSchG) einen kinderrechtlichen Ansatz. Neben dem bereits zuvor geregelten Schutz vor entwicklungsbeeinträchtigenden und jugendgefährdenden Medien definiert das Gesetz als neue Schutzziele die persönliche Integrität von Kindern und Jugendlichen bei der Mediennutzung und die Förderung von Medienerziehung.

Entwicklung der Kinderrechte in Deutschland

1922: Im Reichsjugendwohlfahrtsgesetz erhält jedes deutsche Kind ein Recht auf Erziehung. Ausländische Kinder bleiben davon zunächst ausgeschlossen.

1980: Die große Sorgerechtsreform ersetzt den Begriff „elterliche Gewalt" durch „elterliche Sorge". Außerdem wird der Paragraf 1626 Absatz 2 in das Bürgerliche Gesetzbuch eingefügt, der erstmals die Mitsprache von Kindern an allen sie betreffenden Entscheidungen ihrer Eltern rechtsverbindlich festlegt.

1990: Das neue Kinder- und Jugendhilfegesetz (SGB VIII) benennt Kinder ausdrücklich als Träger eigener Rechte. Unter anderem haben sie das Recht, sich an das Jugendamt zu wenden und dort auch ohne Kenntnis des Personensorgeberechtigten beraten zu werden.

1998: Die Kindschaftsrechtsreform bringt neben der weitgehenden Gleichstellung ehelicher und nicht ehelicher Kinder unter anderem das Recht des

Kindes auf Umgang mit beiden Elternteilen nach Trennung und Scheidung der Eltern (§ 1684 Abs. 1 BGB) und die Möglichkeit, Kindern in Verfahren, die die elterliche Sorge betreffen, einen Verfahrensbeistand als „Anwalt des Kindes" zur Seite zu stellen.

2000: Durch das Gesetz über die Ächtung der Gewalt in der Erziehung erhalten Kinder gemäß Paragraf 1631 Absatz 2 des Bürgerlichen Gesetzbuches ein „Recht auf Pflege und Erziehung unter Ausschluss von Gewalt".

2012: Das Bundeskinderschutzgesetz verpflichtet Einrichtungen der Kinder- und Jugendhilfe dazu, „zur Sicherung der Rechte von Kindern und Jugendlichen (...) geeignete Verfahren der Beteiligung sowie der Möglichkeit der Beschwerde in persönlichen Angelegenheiten" vorzusehen.

2013: Sukzessive wird der Anspruch von Kindern auf Förderung in einer Tageseinrichtung gesetzlich verankert, zunächst (1996) vom vollendeten dritten Lebensjahr bis zum Eintritt in die Schule, dann (2013) ab Vollendung des ersten Lebensjahres.

2021: Das novellierte Jugendschutzgesetz definiert neben dem Schutz vor entwicklungsbeeinträchtigenden und jugendgefährdenden Medien als neue Schutzziele die persönliche Integrität von Kindern und Jugendlichen bei der Mediennutzung und die Förderung von Medienerziehung.

2021: Das Kinder- und Jugendstärkungsgesetz verpflichtet die Träger von Einrichtungen der Kinder- und Jugendhilfe darzulegen, dass „zur Sicherung der Rechte und des Wohls von Kindern und Jugendlichen in der Einrichtung die Entwicklung, Anwendung und Überprüfung eines Konzepts zum Schutz vor Gewalt" gewährleistet wird.

2021: Das Ganztagsförderungsgesetz sieht die stufenweise Einführung eines Rechtsanspruchs auf ganztägige Förderung für Grundschulkinder ab dem Jahr 2026 vor.

3 Kinderrechte und Kinderschutz – rechtliche Rahmenbedingungen

IN DIESEM KAPITEL ERFAHREN SIE,

- was unter kinderrechtsbasiertem Kinderschutz zu verstehen ist
- wie der Schutz der Kinder vor Gewalt im internationalen und im deutschen Recht verankert ist
- dass der Ganztag einen gesetzlich verankerten Schutzauftrag hat
- welche Unterschiede zwischen dem familiären und dem institutionellen Kinderschutz bestehen
- dass der Kinderschutz Vorrang vor dem Datenschutz hat

3.1 Kinderrechtsbasierter Kinderschutz

Jedes Kind in Deutschland hat ein Recht auf Erziehung unter Ausschluss von Gewalt. Körperliche Bestrafungen, seelische Verletzungen und andere entwürdigende Maßnahmen sind unzulässig. Aus diesem Recht auf gewaltfreie Erziehung ergibt sich ein Schutzauftrag für alle mit Kindern tätigen pädagogischen Fachkräfte.

Mit der Einführung des Rechts auf gewaltfreie Erziehung hat sich die Vorstellung dessen, was unter Kinderschutz zu verstehen ist, gewandelt. Dabei kann ein enges, mittleres, weites und sehr weites Verständnis unterschieden werden. Ein **enges Verständnis** beschränkt sich auf den intervenierenden Kinderschutz, bei dem im Falle einer Kindeswohlgefährdung Jugendamt und Familiengericht in Ausübung des staatlichen Wächteramts berechtigt und verpflichtet sind, das Kind notfalls auch gegen den Willen der Eltern vor körperlicher, seelischer oder sexualisierter Gewalt zu schützen.

Demgegenüber bezieht ein **mittleres Verständnis** neben dem intervenierenden auch den präventiven Kinderschutz mit ein. Zielgruppe sind in diesem Fall alle Familien (primäre Prävention) bzw. eine umschriebene Gruppe belasteter Familien (sekundäre Prävention), bei denen durch rechtzeitige Hilfe erreicht werden soll, dass es gar nicht erst zu einer Gefährdung des Kindes kommt. Dieses mittlere Verständnis liegt dem Bundeskinderschutzgesetz zugrunde, das den präventiven Kinderschutz durch die Bereitstellung Früher Hilfen sicherstellen will.

Ein **weites Verständnis von Kinderschutz** geht über den Bereich des Gewaltschutzes hinaus. Dieses Verständnis orientiert sich an sämtlichen in der UN-Kinderrechtskonvention enthaltenen Schutzrechten. Kinderschutz umfasst demzufolge – neben dem Schutz vor Gewalt – unter anderem Diskriminierungsschutz, Schutz der Privatsphäre, Medienschutz und Gesundheitsschutz. Schließlich bezieht ein **sehr weites Verständnis** den Schutz sämtlicher Kinderrechte mit ein und betont damit den Zusammenhang von Schutz-, Förder- und Beteiligungsrechten.

Auch das Bewusstsein dafür, von welchen Personengruppen Gefahren für Kinder ausgehen können, hat sich verändert. Während lange Zeit vor allem Eltern und das familiäre Umfeld im Fokus gestanden haben, ist nun deutlich, dass Fehlverhalten durch pädagogische Fachkräfte ebenfalls mit Gewalt verbunden sein kann, vor der Kinder geschützt werden müssen. Der auf Familien bezogene individuelle Kinderschutz ist durch den institutionellen Kinderschutz ergänzt worden. Seit Inkrafttreten des Kinder- und Jugendstärkungsgesetzes sind Einrichtungen der Kinder- und Jugendhilfe verpflichtet, zur Sicherung der Rechte und des Wohls von Kindern ein Gewaltschutzkonzept zu entwickeln, anzuwenden und regelmäßig zu überprüfen. Auch zahlreiche Schulen haben sich auf den Weg gemacht, ein solches Gewaltschutzkonzept zu entwickeln. In einigen Bundesländer besteht dazu bereits eine gesetzliche Verpflichtung.

3.2 Menschenrechte des Kindes: Die UN-Kinderrechtskonvention

Ausgangspunkt der UN-Kinderrechtskonvention ist die Stellung des Kindes als Träger eigener Rechte. Gemäß Artikel 1 gilt als Kind jeder Mensch, der das 18. Lebensjahr noch nicht vollendet hat, also Kinder und Jugendliche. Den Rechten der Kinder stehen Verpflichtungen der Erwachsenen gegenüber. In erster Linie der Staat, aber auch die Institutionen für Kinder wie der Ganztag und nicht zuletzt die Eltern tragen Verantwortung für die Verwirklichung der Kinderrechte. Die in dem „Gebäude der Kinderrechte" wichtigsten und vom UN-Ausschuss für die Rechte des Kindes als miteinander zusammenhängende Allgemeine Prinzipien (general principles) definierten Rechte finden sich in den Artikeln 2, 3, 6 und 12.

Artikel 2 enthält ein umfassendes Diskriminierungsverbot. Kein Kind darf aufgrund irgendeines Merkmals, wie zum Beispiel der Hautfarbe, dem Geschlecht, der Sprache, der Religion, der politischen Anschauung, der nationalen, ethnischen

Gebäude der Kinderrechte

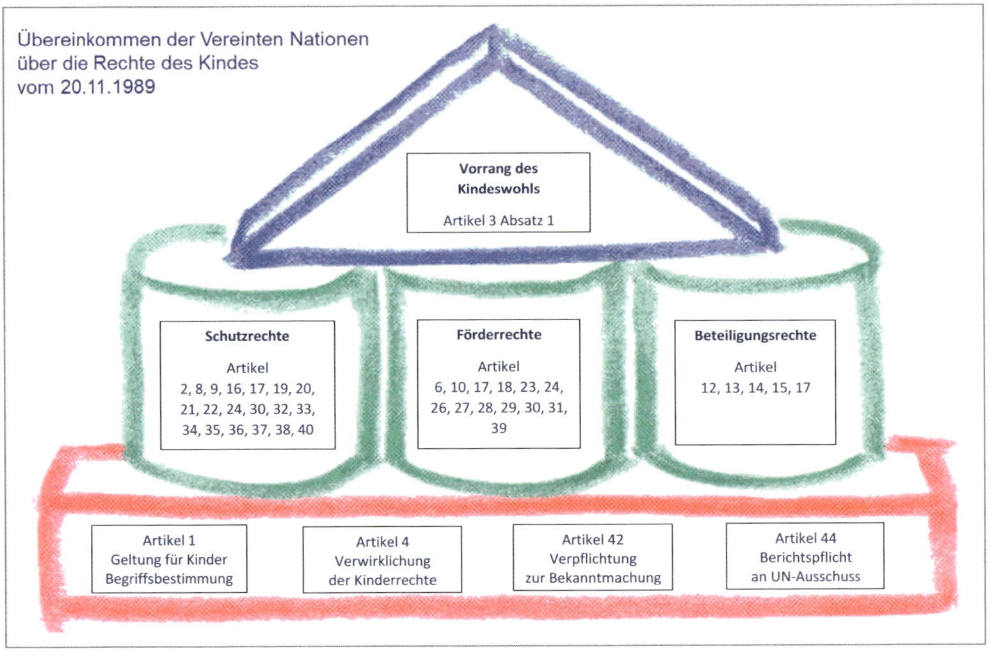

oder sozialen Herkunft, einer Behinderung, der Geburt oder eines sonstigen Status des Kindes oder seiner Eltern benachteiligt werden.

In Artikel 3 Absatz 1 ist der Vorrang des Kindeswohls festgeschrieben. Demzufolge ist bei allen Kinder betreffenden Maßnahmen, gleichviel ob sie von öffentlichen oder privaten Einrichtungen der sozialen Fürsorge, Gerichten, Verwaltungsbehörden oder Gesetzgebungsorganen getroffen werden, das Wohl des Kindes ein Gesichtspunkt, der vorrangig zu berücksichtigen ist.

Artikel 6 sichert das grundlegende Recht jedes Kindes auf Leben und bestmögliche Entwicklung. Die Vertragsstaaten erkennen das angeborene Recht jedes Kindes auf Leben an und verpflichten sich, das Überleben und die Entwicklung des Kindes in größtmöglichem Umfang zu gewährleisten.

In Artikel 12 ist das Recht jedes Kindes auf Beteiligung niedergelegt. Demzufolge hat jedes Kind das Recht, in allen Angelegenheiten, die es betreffen, unmittelbar oder durch eine:n Vertreter:in gehört zu werden. Die Meinung des Kindes muss angemessen und entsprechend seinem Alter und seiner Reife berücksichtigt werden.

In der UN-Kinderrechtskonvention ist eine große Zahl weiterer Rechte von Kindern enthalten, die sich auf unterschiedliche Lebenssituationen und Lebensbereiche beziehen und nach Schutzrechten, Förderrechten und Beteiligungsrechten (im Englischen als die drei „Ps" bezeichnet: protection, provision, participation) unterschieden werden können. Zu den Schutzrechten gehören unter anderem das Recht auf Schutz der Identität, das Recht auf Schutz vor unberechtigter Trennung von den Eltern, das Recht auf Schutz der Privatsphäre, das Recht auf Schutz vor schädigenden Einflüssen durch Medien und das Recht auf Schutz vor jeder Form von Gewaltanwendung. Wichtige Förderrechte sind unter anderem die Rechte auf Gedanken-, Gewissens-, Religions- und Versammlungsfreiheit, das Recht auf Förderung von Kindern mit Behinderung, das Recht auf Gesundheitsfürsorge und auf einen angemessenen Lebensstandard, das Recht auf Bildung und das Recht auf Ruhe, Freizeit, Spiel, Erholung und freie künstlerische und kulturelle Betätigung. Schließlich gehören zu den Beteiligungsrechten insbesondere das Recht auf Berücksichtigung der Meinung des Kindes, das Recht auf freie Meinungsäußerung sowie auf Informationsbeschaffung und Informationsweitergabe sowie das Recht auf Nutzung der Medien.

Ein uneingeschränktes Gewaltverbot in der Erziehung ist in Artikel 19 Absatz 1 UN-Kinderrechtskonvention niedergelegt. Dort heißt es: „Die Vertragsstaaten treffen alle geeigneten Gesetzgebungs-, Verwaltungs-, Sozial- und Bildungsmaßnahmen, um das Kind vor jeder Form körperlicher oder geistiger Gewaltanwendung, Schadenszufügung oder Misshandlung, vor Verwahrlosung oder Vernachlässigung, vor schlechter Behandlung oder Ausbeutung einschließlich des sexuellen Missbrauchs zu schützen, solange es sich in der Obhut der Eltern oder eines Elternteils, eines Vormunds oder anderen gesetzlichen Vertreters oder einer anderen Person befindet, die das Kind betreut."

Gemäß Artikel 34 UN-Kinderrechtskonvention (UN-KRK) genießen Kinder einen umfangreichen Schutz vor sexueller Ausbeutung und sexuellem Missbrauch. Dort heißt es: „Die Vertragsstaaten verpflichten sich, das Kind vor allen Formen sexueller Ausbeutung und sexuellen Missbrauchs zu schützen. Zu diesem Zweck treffen die Vertragsstaaten insbesondere alle geeigneten innerstaatlichen, zweiseitigen und mehrseitigen Maßnahmen, um zu verhindern, dass Kinder

a) zur Beteiligung an rechtswidrigen sexuellen Handlungen verleitet oder gezwungen werden;
b) für die Prostitution oder andere rechtswidrige sexuelle Praktiken ausgebeutet werden;

c) für pornographische Darbietungen und Darstellungen ausgebeutet werden."
Neben den materiellen Rechten enthält die UN-KRK eine Reihe von Regelungen zur Umsetzung der Konvention. Hierzu gehören die Bekanntmachung der Kinderrechte (Artikel 42), die Einsetzung eines Ausschusses für die Rechte des Kindes (Artikel 43), die Berichtspflicht der Vertragsstaaten (Artikel 44) sowie die Mitwirkung anderer Organe der Vereinten Nationen (Artikel 45).

Von großer Bedeutung ist die in Artikel 42 UN-KRK enthaltene Verpflichtung der Vertragsstaaten, „die Grundsätze und Bestimmungen dieses Übereinkommens durch geeignete und wirksame Maßnahmen bei Erwachsenen und auch bei Kindern allgemein bekannt zu machen". Mit dieser Verpflichtung bekennen sich die Vertragsstaaten der Konvention zu einer umfassenden Kinder- und Menschenrechtsbildung auf allen Ebenen, sowohl gegenüber Eltern, den mit Kindern und für Kinder tätigen Fachkräften sowie Erwachsenen generell als auch gegenüber Kindern jeder Altersstufe.

In Deutschland ist die UN-Kinderrechtskonvention am 5. April 1992 völkerrechtlich in Kraft getreten. Durch die Rücknahme der Vorbehaltserklärung am 15. Juli 2010 hat die Bundesregierung zum Ausdruck gebracht, dass kein innerstaatlicher Anwendungsvorbehalt mehr besteht. Seitdem gilt die Konvention uneingeschränkt für jedes in Deutschland lebende Kind, unabhängig von seinem Aufenthaltsstatus, also auch zum Beispiel für nach Deutschland geflüchtete Kinder. Sie schafft subjektive Rechtspositionen und begründet innerstaatlich unmittelbar anwendbare Normen. Gerichte wie auch die exekutive Gewalt sind in vollem Umfang an sie gebunden. Gemäß Artikel 25 des Grundgesetzes nimmt die Konvention den Rang eines einfachen Bundesgesetzes ein. Sie steht damit allerdings nicht über der Verfassung. Im Falle einer Konkurrenz zwischen Grundgesetz und Kinderrechtskonvention kommt dem Grundgesetz eine Vorrangstellung zu.

3.3 Schutz, Fürsorge und Beteiligung: Die EU-Grundrechtecharta

Die seit 2009 in Deutschland geltende EU-Grundrechtecharta enthält in Artikel 24 (Rechte des Kindes) eigene Kinderrechte. Dort heißt es: „(1) Kinder haben Anspruch auf den Schutz und die Fürsorge, die für ihr Wohlergehen notwendig sind. Sie können ihre Meinung frei äußern. Ihre Meinung wird in den Angelegenheiten, die sie betreffen, in einer ihrem Alter und ihrem Reifegrad entsprechenden Weise berücksichtigt. (2) Bei allen Kinder betreffenden Maßnahmen öffentlicher oder privater Einrichtungen muss das Wohl des Kindes eine vorrangige Erwägung sein. (3) Jedes Kind hat Anspruch auf regelmäßige persönliche Beziehungen und direkte Kontakte zu beiden Elternteilen, es sei denn, dies steht seinem Wohl entgegen."

3.4 Elternverantwortung und staatliches Wächteramt: Das Grundgesetz

Das Grundgesetz (GG) kennt bisher keine eigenen Kinderrechte. Auch vom Kindeswohl ist dort nicht explizit die Rede. Artikel 6 Absatz 2 GG spricht lediglich vom Recht der Eltern und der zuvörderst ihnen obliegenden Pflicht, ihre Kinder zu pflegen und zu erziehen. Allerdings gehört es zur gefestigten Rechtsprechung des Bundesverfassungsgerichts, dass das Kind selbst Träger subjektiver Rechte ist. Daraus folgt, dass Rechte und Pflichten der Eltern an die Persönlichkeitsrechte des Kindes gebunden sind. Den Maßstab der elterlichen Handlungen und Unterlassungen bildet das Kindeswohl, insbesondere wenn es um die Lösung von Konflikten geht. Dabei geht das Bundesverfassungsgericht davon aus, dass „in aller Regel Eltern das Wohl des Kindes mehr am Herzen liegt als irgendeiner anderen Person oder Institution" (BVerfGE 59, 360, 376).

Wenn jedoch die Eltern die Menschenwürde des Kindes nicht respektieren und seine Persönlichkeitsrechte grob missachten, dann – so das Bundesverfassungsgericht – „muss der Staat wachen und notfalls das Kind, das sich noch nicht selbst zu schützen vermag, davor bewahren, dass seine Entwicklung durch den Missbrauch der elterlichen Rechte oder eine Vernachlässigung Schaden leidet. In diesem Sinne bildet das Wohl des Kindes den Richtpunkt für den Auftrag des Staates gemäß Art. 6 Abs. 2 GG" (BVerfGE 24, 119).

Entsprechend ist in Artikel 6 Absatz 2 GG neben dem Recht und der Pflicht der Eltern, ihre Kinder zu pflegen und zu erziehen, das Wächteramt der staatlichen Gemeinschaft festgeschrieben: Der Staat hat über die Betätigung der Eltern zu wachen und das Kind notfalls auch vor seinen eigenen Eltern zu schützen. Eine Wegnahme des Kindes gegen den Willen der Erziehungsberechtigten ist jedoch gemäß Artikel 6 Absatz 3 GG nur aufgrund eines Gesetzes und nur in den Fällen möglich, in denen „die Erziehungsberechtigten versagen oder wenn die Kinder aus anderen Gründen zu verwahrlosen drohen".

§

Elternverantwortung und Kindeswohl (Artikel 6 Absatz 2 und 3 GG)
(2) Pflege und Erziehung der Kinder sind das natürliche Recht der Eltern und die zuvörderst ihnen obliegende Pflicht. Über ihre Betätigung wacht die staatliche Gemeinschaft.
(3) Gegen den Willen der Erziehungsberechtigten dürfen Kinder nur auf Grund eines Gesetzes von der Familie getrennt werden, wenn die Erziehungsberechtigten versagen oder wenn die Kinder aus anderen Gründen zu verwahrlosen drohen.

3.5 Recht auf gewaltfreie Erziehung: Das Bürgerliche Gesetzbuch

Das Kindschafts- und Familienrecht ist Bestandteil des Bürgerlichen Gesetzbuchs und regelt die rechtlichen Beziehungen zwischen Eltern und Kindern. In Paragraf 1627 BGB wird das elterliche Handeln und Unterlassen ausdrücklich an das Wohl des Kindes gebunden. Dort heißt es: „Die Eltern haben die elterliche Sorge in eigener Verantwortung und in gegenseitigem Einvernehmen zum Wohl des Kindes auszuüben. Bei Meinungsverschiedenheiten müssen sie versuchen, sich zu einigen." Gemäß Paragraf 1631 Absatz 2 BGB hat jedes Kind „ein Recht auf Pflege und Erziehung unter Ausschluss von Gewalt, körperlichen Bestrafungen, seelischen Verletzungen und anderen entwürdigenden Maßnahmen."

§

Recht auf Erziehung unter Ausschluss von Gewalt (§ 1631 Absatz 2 BGB)
Das Kind hat ein Recht auf Pflege und Erziehung unter Ausschluss von Gewalt, körperlichen Bestrafungen, seelischen Verletzungen und anderen entwürdigenden Maßnahmen.

Wenn Eltern das Wohl ihres Kindes gefährden, stellt Paragraf 1666 BGB die zentrale Begründungsnorm dar für einen legitimen Eingriff des Staates in das grundgesetzlich verbürgte Elternrecht. Paragraf 1666 Absatz 1 BGB lautet: „Wird das körperliche, geistige oder seelische Wohl des Kindes oder sein Vermögen gefährdet und sind die Eltern nicht gewillt oder nicht in der Lage, die Gefahr abzuwenden, so hat das Familiengericht die Maßnahmen zu treffen, die zur Abwendung der Gefahr erforderlich sind."

Zu den möglichen gerichtlichen Maßnahmen gehören gemäß Paragraf 1666 Absatz 3 BGB Gebote (z. B. das Gebot, Leistungen der Kinder- und Jugendhilfe oder der Gesundheitsfürsorge in Anspruch zu nehmen oder für die Einhaltung der Schulpflicht zu sorgen), Verbote (z. B. das Verbot, Verbindung zum Kind aufzunehmen oder ein Zusammentreffen mit dem Kind herbeizuführen), die Ersetzung von Erklärungen des Inhabers der elterlichen Sorge (z. B. die Ersetzung der Zustimmung der Eltern zu einer notwendigen medizinischen Behandlung) sowie die teilweise oder vollständige Entziehung der elterlichen Sorge.

Für den Fall einer möglichen Trennung des Kindes von seiner Familie gelten gemäß Paragraf 1666a Absatz 1 BGB die Grundsätze der Verhältnismäßigkeit und des Vorrangs öffentlicher Hilfen: „Maßnahmen, mit denen eine Trennung des Kindes von der elterlichen Familie verbunden ist, sind nur zulässig, wenn der Gefahr nicht auf andere Weise, auch nicht durch öffentliche Hilfen, begegnet werden kann."

Gerichtliche Maßnahmen bei Gefährdung des Kindeswohls (§ 1666 BGB)

(1) Wird das körperliche, geistige oder seelische Wohl des Kindes oder sein Vermögen gefährdet und sind die Eltern nicht gewillt oder nicht in der Lage, die Gefahr abzuwenden, so hat das Familiengericht die Maßnahmen zu treffen, die zur Abwendung der Gefahr erforderlich sind. (...)

(3) Zu den gerichtlichen Maßnahmen nach Absatz 1 gehören insbesondere

1. Gebote, öffentliche Hilfen wie zum Beispiel Leistungen der Kinder- und Jugendhilfe und der Gesundheitsfürsorge in Anspruch zu nehmen,
2. Gebote, für die Einhaltung der Schulpflicht zu sorgen,
3. Verbote, vorübergehend oder auf unbestimmte Zeit die Familienwohnung oder eine andere Wohnung zu nutzen, sich in einem bestimmten Umkreis der Wohnung aufzuhalten oder zu bestimmende andere Orte aufzusuchen, an denen sich das Kind regelmäßig aufhält,
4. Verbote, Verbindung zum Kind aufzunehmen oder ein Zusammentreffen mit dem Kind herbeizuführen,
5. die Ersetzung von Erklärungen des Inhabers der elterlichen Sorge,
6. die teilweise oder vollständige Entziehung der elterlichen Sorge. (...)

§

3.6 Gewalt gegen Kinder als Straftatbestand: Das Strafgesetzbuch

Misshandlung und Vernachlässigung sowie der sexuelle Missbrauch von Kindern sind Straftatbestände. Ziel einer Strafverfolgung ist allerdings nicht in erster Linie der Schutz des Kindes – hierfür kommen im Konfliktfall vor allem zivilrechtliche Maßnahmen wie zum Beispiel Auflagen oder eine Einschränkung des Sorgerechts in Betracht –, sondern die Ermittlung und gegebenenfalls Bestrafung des Täters bzw. der Täterin. Eine Pflicht zur Anzeige besteht nicht. Da es sich bei den genannten Straftaten um Offizialdelikte handelt, an deren Verfolgung ein öffentliches Interesse besteht, kann eine einmal gestellte Anzeige nicht zurückgenommen werden.

Strafrechtlich wird die Misshandlung von Schutzbefohlenen in Paragraf 225 Strafgesetzbuch (StGB), die Verletzung der Fürsorge- oder Erziehungspflicht in Paragraf 171 StGB erfasst. Sexueller Missbrauch von Kindern wird strafrechtlich in den Paragrafen 176, 176a–e StGB behandelt.

3.7 Individueller und institutioneller Kinderschutz: Das KJHG und das Gesetz zur Information und Kommunikation im Kinderschutz

Im Kinder- und Jugendhilfegesetz (KJHG) des SGB VIII ist der Schutz von Kindern weit oben angesiedelt. Bereits in Paragraf 1 Absatz 3 SGB VIII heißt es, dass „Jugendhilfe (...) Kinder und Jugendliche vor Gefahren für ihr Wohl schützen" soll. In Paragraf 8a SGB VIII wird der Schutzauftrag bei Kindeswohlgefährdung konkretisiert. Während die ersten Absätze die Aufgaben und Arbeitsweise des Jugendamts bei gewichtigen Anhaltspunkten für eine Kindeswohlgefährdung beschreiben, regelt der vierte Absatz das Vorgehen von anderen „Einrichtungen und Diensten, die Leistungen nach diesem Buch erbringen". Dazu zählen auch Horteinrichtungen und die Schulsozialarbeit.

Schutzauftrag bei Kindeswohlgefährdung (§ 8a Absatz 4 SGB VIII)
In Vereinbarungen mit den Trägern von Einrichtungen und Diensten, die Leistungen nach diesem Buch erbringen, ist sicherzustellen, dass
1. deren Fachkräfte bei Bekanntwerden gewichtiger Anhaltspunkte für die Gefährdung eines von ihnen betreuten Kindes oder Jugendlichen eine Gefährdungseinschätzung vornehmen,
2. bei der Gefährdungseinschätzung eine insoweit erfahrene Fachkraft beratend hinzugezogen wird sowie
3. die Erziehungsberechtigten sowie das Kind oder der Jugendliche in die Gefährdungseinschätzung einbezogen werden, soweit hierdurch der wirksame Schutz des Kindes oder Jugendlichen nicht in Frage gestellt wird.
In den Vereinbarungen sind die Kriterien für die Qualifikation der beratend hinzuzuziehenden insoweit erfahrenen Fachkraft zu regeln, die insbesondere auch den spezifischen Schutzbedürfnissen von Kindern und Jugendlichen mit Behinderungen Rechnung tragen. Daneben ist in die Vereinbarungen insbesondere die Verpflichtung aufzunehmen, dass die Fachkräfte der Träger bei den Erziehungsberechtigten auf die Inanspruchnahme von Hilfen hinwirken, wenn sie diese für erforderlich halten, und das Jugendamt informieren, falls die Gefährdung nicht anders abgewendet werden kann.

§

Die rechtlichen Aufgaben und Befugnisse von Lehrkräften und weiteren mit Kindern tätigen Fachkräften (insbesondere aus dem Bereich Gesundheit) bei gewichtigen Anhaltspunkten für eine Kindeswohlgefährdung sind in Paragraf 4 des Gesetzes zur Kooperation und Information im Kinderschutz (KKG) geregelt.

Beratung und Übermittlung von Informationen durch Geheimnisträger bei Kindeswohlgefährdung (§ 4 KKG)
(1) Werden (...) Lehrerinnen oder Lehrern an öffentlichen und an staatlich anerkannten privaten Schulen in Ausübung ihrer beruflichen Tätigkeit gewichtige Anhaltspunkte für die Gefährdung des Wohls eines Kindes oder eines Jugendlichen bekannt, so sollen sie mit dem Kind oder Jugendlichen und den Erziehungsberechtigten die Situation erörtern und, soweit erforderlich, bei den Erziehungsberechtigten auf die Inanspruchnahme von Hilfen hinwirken, soweit hierdurch der wirksame Schutz des Kindes oder des Jugendlichen nicht in Frage gestellt wird.

§

§

(2) Die Personen nach Absatz 1 haben zur Einschätzung der Kindeswohlgefährdung gegenüber dem Träger der öffentlichen Jugendhilfe Anspruch auf Beratung durch eine insoweit erfahrene Fachkraft. Sie sind zu diesem Zweck befugt, dieser Person die dafür erforderlichen Daten zu übermitteln; vor einer Übermittlung der Daten sind diese zu pseudonymisieren.
(3) Scheidet eine Abwendung der Gefährdung nach Absatz 1 aus oder ist ein Vorgehen nach Absatz 1 erfolglos und halten die in Absatz 1 genannten Personen ein Tätigwerden des Jugendamtes für erforderlich, um eine Gefährdung des Wohls eines Kindes oder eines Jugendlichen abzuwenden, so sind sie befugt, das Jugendamt zu informieren; hierauf sind die Betroffenen vorab hinzuweisen, es sei denn, dass damit der wirksame Schutz des Kindes oder des Jugendlichen in Frage gestellt wird. Zu diesem Zweck sind die Personen nach Satz 1 befugt, dem Jugendamt die erforderlichen Daten mitzuteilen. (…).
(4) Wird das Jugendamt von einer in Absatz 1 genannten Person informiert, soll es dieser Person zeitnah eine Rückmeldung geben, ob es die gewichtigen Anhaltspunkte für die Gefährdung des Wohls des Kindes oder Jugendlichen bestätigt sieht und ob es zum Schutz des Kindes oder Jugendlichen tätig geworden ist und noch tätig ist. Hierauf sind die Betroffenen vorab hinzuweisen, es sei denn, dass damit der wirksame Schutz des Kindes oder des Jugendlichen in Frage gestellt wird.

Die auf den institutionellen Kinderschutz bezogenen rechtlichen Regelungen im Bereich der Kinder- und Jugendhilfe finden sich in den Paragrafen 45 und 47 SGB VIII. Gemäß Paragraf 45 Absatz 2 SGB VIII sind Einrichtungen der Kinder- und Jugendhilfe verpflichtet, zur Erlangung der Betriebserlaubnis ein Gewaltschutzkonzept zu entwickeln und umzusetzen. Außerdem müssen geeignete Beteiligungsverfahren sowie Beschwerdemöglichkeiten innerhalb und außerhalb der Einrichtung vorhanden sein.

§

Gewaltschutzkonzept als Voraussetzung der Betriebserlaubnis (§ 45 Absatz 2 SGB VIII)
Die Erlaubnis ist zu erteilen, wenn das Wohl der Kinder und Jugendlichen in der Einrichtung gewährleistet ist. Dies ist in der Regel anzunehmen, wenn (…) zur Sicherung der Rechte und des Wohls von Kindern und Jugendlichen in der Einrichtung die Entwicklung, Anwendung und Über-

prüfung eines Konzepts zum Schutz vor Gewalt, geeignete Verfahren der Selbstvertretung und Beteiligung sowie der Möglichkeit der Beschwerde in persönlichen Angelegenheiten innerhalb und außerhalb der Einrichtung gewährleistet werden.

Der Träger einer Einrichtung der Kinder- und Jugendhilfe hat im Zuge des Betriebserlaubnisverfahrens die Konzeption der Einrichtung vorzulegen, die unter anderem Auskunft geben muss über Maßnahmen zur Qualitätsentwicklung und -sicherung. Außerdem muss der Träger gemäß Paragraf 72a SGB VIII nachweisen, dass die Vorlage von erweiterten polizeilichen Führungszeugnissen sichergestellt ist. Die Führungszeugnisse der Fachkräfte müssen in regelmäßigen Abständen erneut angefordert und geprüft werden.

Wenn die Aufsicht führende Behörde (in der Regel das Landesjugendamt) Mängel in einer Einrichtung feststellt, so soll es zunächst beratend tätig werden mit dem Ziel, die Mängel zu beseitigen. Sollten die Mängel nicht behoben werden, so können dem Träger Auflagen erteilt werden, die zur Beseitigung einer eingetretenen oder Abwendung einer drohenden Beeinträchtigung oder Gefährdung des Wohls der Kinder erforderlich sind. Falls das Wohl der Kinder in der Einrichtung gefährdet ist und der Träger nicht bereit oder nicht in der Lage ist, die Gefährdung wirksam abzuwenden, kann die Betriebserlaubnis entzogen werden.

Im Falle einer Beeinträchtigung des Kindeswohls in einer Einrichtung der Kinder- und Jugendhilfe besteht eine Meldepflicht. Der Träger der Einrichtung ist in diesen Fällen gemäß Paragraf 47 SGB VIII verpflichtet, die Vorfälle der zuständigen Aufsichtsbehörde (Landesjugendamt) zu melden, die wiederum das zuständige örtliche Jugendamt über die Vorfälle informieren muss. Diese Meldepflicht tritt nicht erst im Falle einer Gefährdung, sondern bereits bei der Beeinträchtigung des Wohls eines Kindes oder mehrerer Kinder ein.

Meldepflicht bei Beeinträchtigung des Kindeswohls (§ 47 Absatz 1 SGB VIII)

Der Träger einer erlaubnispflichtigen Einrichtung hat der zuständigen Behörde unverzüglich (...) Ereignisse oder Entwicklungen, die geeignet sind, das Wohl der Kinder und Jugendlichen zu beeinträchtigen, (...) anzuzeigen.

3.8 Kinderschutz in der Schule: Die Schulgesetze der Bundesländer

Da Bildung in Deutschland Ländersache ist, existiert kein bundeseinheitliches Schulgesetz. In den Schulgesetzen der sechzehn Bundesländer finden sich unterschiedliche Regelungen mit Bezug zum Kinderschutzauftrag der Schulen. Soweit es um den familiären Kinderschutz geht – also um gewichtige Anhaltspunkte für die Gefährdung eines Kindes in der Familie – verweisen die länderspezifischen Regelungen auf das Gesetz zur Kooperation und Information im Kinderschutz (KKG), in dem die diesbezüglichen rechtlichen Aufgaben und Befugnisse von Lehrer:innen geregelt sind (siehe Abschnitt 3.7).

Hinsichtlich des institutionellen Kinderschutzes – also Regelungen betreffend die Beeinträchtigung oder Gefährdung des Kindeswohls in der Schule – bestehen zumeist wenig detaillierte Ausführungen. Weiter vorangeschritten sind Berlin und Nordrhein-Westfalen, deren Schulgesetze seit 2022 die Vorlage eines Kinder- und Jugendschutzkonzepts als Bestandteil des Schulprogramms verbindlich vorsehen.

§

Kinder- und Jugendschutzkonzept in Berliner Schulen (§ 8 Absatz 2 SchulG Berlin)
(1) Jede Schule gibt sich ein Schulprogramm. (…)
(2) Die Schule legt im Schulprogramm insbesondere fest: (…)
5. ein Kinder- und Jugendschutzkonzept, das der Vermeidung von Kindeswohlgefährdungen, insbesondere durch sexuellen Missbrauch, Gewalt und Mobbing dient (…)

Schutzkonzept in Schulen in Nordrhein-Westfalen (§ 42 SchulG NRW)
(6): Die Sorge für das Wohl der Schülerinnen und Schüler erfordert es, jedem Anschein von Vernachlässigung oder Misshandlung nachzugehen. Die Schule entscheidet rechtzeitig über die Einbeziehung des Jugendamtes oder anderer Stellen. Jede Schule erstellt ein Schutzkonzept gegen Gewalt und sexuellen Missbrauch. Es bedarf der Zustimmung der Schulkonferenz.

3.9 Kinderschutz hat Vorrang vor Datenschutz

Für eine vertrauensvolle Zusammenarbeit zwischen Eltern und Ganztag ist der Schutz persönlicher Daten von großer Bedeutung. Der Datenschutz hat allerdings dort eine Grenze, wo es um den Schutz eines Kindes vor Gewalt und anderen Gefährdungen geht.

Gemäß Paragraf 62 Absatz 3 Punkt 2. d) SGB VIII dürfen Sozialdaten zur Erfüllung des Schutzauftrags bei Kindeswohlgefährdung auch ohne Mitwirkung des Betroffenen erhoben werden. So kann zum Beispiel das Jugendamt bei gewichtigen Anhaltspunkten für eine Kindeswohlgefährdung bei Fachkräften im Ganztag Informationen, die das Kind betreffen, auch ohne vorherige Zustimmung der Eltern einholen. Um das Vertrauensverhältnis nicht zu gefährden, sollte das Jugendamt jedoch auch in einem solchen Fall erwägen, ob nicht die Zustimmung der Eltern vorab eingeholt werden kann.

Aus dem Prinzip „Kinderschutz vor Datenschutz" folgt auch, dass der Ganztag im Falle gewichtiger Anhaltspunkte für eine Kindeswohlgefährdung das Jugendamt auch ohne vorherige Zustimmung der Eltern informieren kann und notfalls sogar muss, wenn nämlich andere Hilfen nicht ausreichend erscheinen, um die Gefährdung abzuwenden (§ 8a Absatz 4 SGB VIII bzw. § 4 KKG). Um das Vertrauensverhältnis nicht unnötig zu belasten, sollten aber auch in diesem Fall die Eltern möglichst vorab informiert werden, es sei denn, eine solche Information würde das Kind zusätzlich gefährden.

3.10 Zusammenfassung

Kinder haben ein Recht auf Schutz vor körperlicher, seelischer und sexualisierter Gewalt. Entsprechende gesetzliche Regelungen finden sich unter anderem in der UN-Kinderrechtskonvention, im Grundgesetz, im Bürgerlichen Gesetzbuch, im Kinder- und Jugendhilfegesetz und im Gesetz zur Kooperation und Information im Kinderschutz.

Aus dem Recht des Kindes auf eine Erziehung ohne Gewalt ergibt sich ein Schutzauftrag des Ganztags. Dieser Schutzauftrag bezieht sich sowohl auf Gefährdungen des Kindes im Bereich der Familie (individueller Kinderschutz) als auch auf Beeinträchtigungen und Gefährdungen des Kindeswohls im Ganztag (institutioneller Kinderschutz). Während der Ganztag im Bereich der Familie bei gewichtigen Anzeichen für eine Kindeswohlgefährdung zum Handeln verpflichtet ist, besteht die Eingriffspflicht im Bereich des Ganztags bereits bei der Beeinträchtigung des Wohls von Kindern.

Individueller und institutioneller Kinderschutz	
Schutzauftrag bei Kindeswohlgefährdung (auf Familien bezogener individueller Kinderschutz)	§ 8a SGB VIII (Fachkräfte der Kinder- und Jugendhilfe); § 4 KKG (Lehrer:innen)
Gewährleistung eines Gewaltschutzkonzepts (institutioneller Kinderschutz)	§ 45 SGB VIII (Einrichtungen der Kinder- und Jugendhilfe); Schulgesetze der Bundesländer (Schulen)
Meldepflicht bei Beeinträchtigung des Kindeswohls (institutioneller Kinderschutz)	§ 47 SGB VIII (Träger von Einrichtungen der Kinder- und Jugendhilfe)

4 Gewalt im familiären Bereich – erkennen und handeln

IN DIESEM KAPITEL ERFAHREN SIE,

- welche Formen von Gewalt in Familien vorkommen
- worin die Ursachen und Folgen von Gewalt bestehen
- wie bei Anhaltspunkten für eine Gefährdung reagiert werden muss
- auf welche Weise Gespräche mit Kindern und Eltern geführt werden sollten

4.1 Formen, Ursachen und Folgen von Gewalt

Für eine diagnostische Einordnung ist es sinnvoll, unterschiedliche Formen von Gewalt gegen Kinder zu unterscheiden. In der Praxis kommen diese jedoch selten isoliert vor. Gerade in schweren Fällen sind zumeist komplexe Mischformen zu beobachten, die sich gegenseitig überlappen und manchmal auch verstärken. So hat körperliche Gewalt immer auch schädigende seelische Folgen für das Kind. Vernachlässigung und sexualisierte Gewalt sind sowohl mit körperlichen als auch mit psychischen und psychosomatischen Konsequenzen verbunden. Gerade die Verschränkung der verschiedenen Aspekte macht ihre schädigende Wirkung aus.

Gewalt gegen Kinder besteht nur selten in einer einmaligen Handlung. Dennoch kann ein einzelner Vorgang (z. B. das Schlagen mit einem Gegenstand) erhebliche Verletzungen nach sich ziehen. Gewalt gegen Kinder ist typischerweise ein aus mehreren Elementen zusammengesetztes Syndrom negativer Einwirkungen (Handlungen und Unterlassungen) auf ein Kind. Dabei können körperliche Gewalt, seelische Gewalt, körperliche und/oder seelische Vernachlässigung und sexualisierte Gewalt (sexueller Missbrauch) unterschieden werden.

Formen von Gewalt	Beispiele
Körperliche Gewalt	schlagen (ohne oder mit Gegenständen), treten, schütteln, festbinden, einsperren, würgen, verbrennen, verbrühen, verkühlen, vergiften
Seelische Gewalt	beschämen, bloßstellen, erniedrigen, entwürdigen, anschreien, beleidigen, Angst machen, bedrohen, erpressen, instrumentalisieren, überfordern, ignorieren
Körperliche und/oder seelische Vernachlässigung	mangelnde Befriedigung körperlicher Bedürfnisse, Verweigerung notwendiger medizinischer Versorgung, Vernachlässigung der Aufsichtspflicht, Mangel an Anregung und/oder emotionalem Austausch
Sexualisierte Gewalt (Sexueller Missbrauch)	körperliche Nähe erzwingen, Kind sexuell stimulieren, sexuelle Handlungen durch ein Kind an sich vornehmen lassen, Vergewaltigung, Kind zu sexuellen Posen auffordern, dem Kind pornografische Abbildungen zeigen, Kind in Prostitution ausbeuten

Wenn ein Kind Gewalt erfährt und sein Wohl gefährdet ist, lässt sich meist kein einzelner Grund benennen, wie es dazu kommen konnte. Bei innerfamiliärer Gewalt handelt es sich um ein komplexes, prozesshaftes Geschehen, an dem in der Regel mehrere Personen beteiligt sind und das in einen familialen, institutionellen und gesellschaftlich-kulturellen Kontext eingebettet ist. Gewalt hat multifaktorielle Ursachen. Ihr Auftreten wird durch das Aufeinandertreffen verschiedener Risikofaktoren begünstigt.

Gewalt gegen Kinder ist nicht nur ein Armutsproblem. Sie kommt aber in sozial benachteiligten Milieus aufgrund der größeren psychosozialen Belastung gehäuft vor. Soziale Not verringert die Chance, für ein Kind gut sorgen zu können. Auch kulturelle Anpassungsschwierigkeiten erhöhen das Risiko von Gewalt gegen Kinder, besonders dann, wenn eine mangelnde Verwurzelung in der Herkunftskultur von geringen Chancen der Integration in die Aufnahmekultur begleitet wird. Dabei ist allerdings nicht die Kultur „in sich und aus sich heraus kausal, sondern sie funktioniert in den je gegebenen Konstellationen von Risiko- und protektiven Faktoren" (Korbin 2002, S. 72). Nicht allein die Zugehörigkeit zu einer bestimmten Kultur erhöht also das Risiko von Gewalt, vielmehr werden kulturelle Einflüsse erst in Kombination mit anderen Faktoren wie zum Beispiel prekären sozialen Verhältnissen oder massiven Integrationsproblemen wirksam.

Trotz im Einzelfall sehr unterschiedlicher Faktoren gibt es typische Muster, soziale Bedingungen, Beziehungskonstellationen und Krisensituationen, die sich wechselseitig verstärken und als Risikofaktoren die Entstehung von Gewalt gegen Kinder begünstigen. Zu unterscheiden sind psychosoziale, elterliche und auf das Kind bezogene Risiken sowie auslösende Faktoren.

Zu den psychosozialen Risikofaktoren gehören unter anderem Arbeitslosigkeit, finanzielle und materielle Notlagen (sozialer Abstieg), Leistungsdruck bzw. berufliche Probleme, kulturelle Anpassungsschwierigkeiten, soziale und/oder familiäre Isolation und sehr enge Wohnverhältnisse.

Elterliche Risikofaktoren sind akute und chronische Belastungen wie körperliche oder psychische Erkrankung bzw. Sucht, Gewalterfahrungen in der eigenen Kindheit in Verbindung mit mangelnden Bewältigungsstrategien sowie gravierende Beziehungs- und Partnerkonflikte.

Risiken sind auch vorhanden, wenn Eltern einen rigiden Erziehungsstil (z. B. bei vehementer Befürwortung elterlicher Züchtigung) oder einen inkonsistenten Erziehungsstil (z. B. bei unklarer Grenzsetzung oder dem häufigen Wechsel zwischen Verboten und Verwöhnung) verfolgen und wenn sie überhöhte oder unrealistische (Leistungs-)Erwartungen an das Kind stellen.

Faktoren, die mit der Geschichte und Konstitution des Kindes zusammenhängen, erhöhen oder verringern das Risiko von Gewalt und können dazu führen, dass gerade ein Kind unter mehreren in einer Familie besonders gefährdet ist (Aschenputtel-Syndrom).

Zu den vorgeburtlichen Risikofaktoren gehören unerwünschte Schwangerschaft, unklare Vaterschaft, geplanter, aber nicht realisierter Schwangerschaftsabbruch, kurz aufeinanderfolgende Schwangerschaften, Schwangerschafts-Depression, psychosoziale Krisen während der Schwangerschaft und sehr junge Elternschaft. Risiken rund um die Zeit der Geburt sind Frühgeburt, Behinderung des Kindes sowie Trennung von Mutter und Kind nach der Geburt.

Nachgeburtliche Faktoren, die das Risiko von Gewalt gegen das Kind erhöhen, sind kränkelnde Säuglinge, Kinder mit einer Behinderung oder Regulationsstörung (Schrei-, Ess- oder Schlafstörungen) sowie Kinder, die gegenüber der ursprünglichen Erwartung das „falsche" Geschlecht haben. Auch die Unterbrechung des

Bindungsaufbaus vor allem in der zweiten Hälfte des ersten Lebensjahres und im zweiten Lebensjahr stellt ein Risiko dar.

Auslösende Faktoren für Gewalt sind zumeist Stress- und Krisensituationen, die in psychischer Überforderung gipfeln. Geringfügige Anlässe im Zusammenspiel mit chronischen Belastungen führen zum Zusammenbruch des psychischen Gleichgewichts. In einem Krisenzyklus (Teufelskreis) wird die äußere Realität überschätzt, die eigenen Handlungsmöglichkeiten werden dagegen unterschätzt. Ein Gefühl der Hilflosigkeit stellt sich ein, das sich in Aggression umwandelt, die sich dann auf Kosten des Kindes entlädt.

Zur offenen Gewalt gegen das Kind kann es typischerweise dann kommen, wenn die nachstehenden Voraussetzungen kumulativ gegeben sind: Ein in der Eltern- oder Pflegeperson vorhandenes Potenzial zur Misshandlung wird in Zusammenhang mit Erinnerungsresten an die in der eigenen Kindheit erlittene Schädigung aktiviert. Dieses aktivierte Potenzial wird durch die Begegnung mit einem ganz bestimmten Kind und durch das Fehlen jedweden stützenden Systems in Folge der eigenen Isolation oder der Unerreichbarkeit von Hilfsdiensten verstärkt und kommt im Zuge einer physischen, psychischen oder im Umfeld liegenden Belastung oder Krise zum Ausbruch (vgl. Helfer et al. 2002, S. 886).

Die Folgen von Gewalt sind vielfältig. Ihr Schweregrad hängt unter anderem von der Resilienz (Widerstandsfähigkeit) des Kindes und vom Vorhandensein protektiver Faktoren ab. Hierfür ist besonders wichtig, ob im Umfeld des Kindes – innerhalb oder außerhalb der Familie – eine Vertrauensperson vorhanden ist, die das Kind emotional unterstützt. Manche Kinder verkraften aufgrund konstitutioneller Faktoren oder biografischer Vorerfahrungen ihnen angetane Gewalt besser oder schlechter als andere.

Eine wichtige Rolle spielt auch, ob das Kind zusätzlich zu der erlittenen Gewalt für die Misshandlung mitverantwortlich gemacht wird bzw. sich dafür schuldig fühlt oder ob die Verantwortung eindeutig beim Verursacher liegt. Manche Folgen können vorübergehender Natur sein, andere ein Leben lang anhalten. Besonders bei schweren Formen von Misshandlung betreffen die Folgen in der Regel die gesamte Persönlichkeit des Kindes.

Zu unterscheiden sind körperliche Verletzungen, psychosomatische Störungen, intellektuell-kognitive Beeinträchtigungen, psychische Störungen, unspezifische Beeinträchtigungen, posttraumatische Belastungsstörung.

Körperliche Verletzungen: Die mit einer Misshandlung verbundenen körperlichen Verletzungen reichen von Narben, Frakturen und organspezifischen Verletzungen über Gedeih- und Wachstumsstörungen bis hin zu Geschlechtskrankheiten und bleibenden Behinderungen.

Psychosomatische Störungen: Zu den psychosomatischen Störungen gehören unspezifische Kopf-, Bauch- oder Rückenschmerzen, Ein- und Durchschlafstörungen, nicht organisch bedingtes Einnässen oder Einkoten sowie Ernährungsstörungen (Adipositas, Anorexie, Bulimie).

Intellektuell-kognitive Beeinträchtigungen: Kinder, die Gewalt erfahren, sind nicht selten auch in ihrer intellektuellen Entwicklung beeinträchtigt. Zu den häufigen Folgen gehören kognitive Entwicklungsrückstände, Lern- und Schulleistungsschwächen, Sprachstörungen und Pseudodebilität.

Psychische Störungen: Die psychischen Folgen von Gewalt können sich auf die gesamte Persönlichkeitsentwicklung des Kindes beziehen. Häufig dominieren Verhaltensstörungen (z. B. unkontrollierbare Impulsivität) und Angstsyndrome (z. B. Albträume). Aber auch allgemeine Persönlichkeitsstörungen, Suchtprobleme, Delinquenz, sexuelle Störungen sowie Depressionen bis hin zur Suizidgefährdung können hinzukommen. Nicht zuletzt zeigen sich die seelischen Folgen von Gewalt häufig in einer erhöhten Gewaltbereitschaft des Kindes anderen Menschen gegenüber. Misshandelte Kinder lernen, Konflikte gewaltsam zu lösen. Durch den psychischen Mechanismus der Identifikation mit dem Aggressor werden aus gefährdeten später nicht selten gefährliche Kinder.

Unspezifische Beeinträchtigungen: Zu den deutlich umrissenen Störungen kommen unspezifische Beeinträchtigungen, unter denen manche Kinder bis weit ins Erwachsenenalter hinein leiden. Hierzu gehören ein schwach ausgebildetes Identitätsgefühl, eine begrenzte Fähigkeit zur Kommunikation (vor allem in Bezug auf die eigenen Gefühle), ein – häufig mit depressiven Verstimmungen einhergehendes – geringes Selbstwertgefühl, die begrenzte Fähigkeit, sich anderen Menschen zuzuwenden (oberflächliche und instabile Beziehungsgestaltung bis hin zu Bindungsarmut), erhebliche Versagensängste sowie Schwierigkeiten, mit den üblichen Problemen des täglichen Lebens fertigzuwerden.

Posttraumatische Belastungsstörung: Die multiplen und vielschichtigen Folgen nach schweren Traumata wie Misshandlung, Vernachlässigung oder sexuellem Missbrauch werden auch mit dem Begriff der posttraumatischen Belastungsstörung

(PTBS) beschrieben. Ein Trauma (Verletzung) ist dadurch gekennzeichnet, dass die dem Individuum zur Verfügung stehenden Bewältigungsmechanismen in Bezug auf den von außen kommenden Angriff versagen. Ein Gefühl der Überwältigung stellt sich ein, die Kontrolle über die Situation und das psychische Gleichgewicht brechen zusammen. Der Handlungsspielraum ist stark eingeschränkt, die inneren Bilder von sich selbst und von der Welt sind bedroht.

Die Überflutung mit Stressfaktoren führt zu einer affektiven Alarmreaktion, die bei Kindern, die unter einer posttraumatischen Belastungsstörung leiden, in der Regel eine stark erniedrigte Reizschwelle gegenüber potenziell bedrohlichen Außensignalen zur Folge hat. Die Kinder sind ständig auf der Hut, aus Angst, erneut Opfer einer Traumatisierung zu werden. Weitere mögliche Symptome sind eine Beeinträchtigung der Affektwahrnehmung und Affektdifferenzierung (z. B. können an sich positive Gefühlsbotschaften wie Freude oder emotionale Zuwendung negativ aufgefasst werden), Impulssteuerungsprobleme wie Jähzorn, überschießende Reaktionen, allgemeine Reizbarkeit sowie Selbstentfremdung und Dissoziation (Selbstentfremdung, die durch die Aufspaltung des Selbst in eine:n distanzierte:n Beobachter:in und eine:n Akteur:in gekennzeichnet ist).

Gemeinsam ist den beschriebenen Symptomen, dass sie eine sinnvolle („normale") Reaktion auf eine in hohem Maße schädigende („unnormale") Umwelt darstellen. Dabei kann eine einmalige und akute Traumatisierung (Typ-1-Trauma: z. B. ein Schädel-Hirn-Trauma infolge einer körperlichen Misshandlung oder der einmalige sexuelle Missbrauch durch eine dem Kind fremde Person) von chronisch wiederkehrenden Traumatisierungen (Typ-2-Trauma: z. B. eine lang andauernde Vernachlässigung oder wiederholte sexualisierte Gewalt durch eine dem Kind nahestehende Person) unterschieden werden.

4.2 Seelische Gewalt

Seelische Gewalt und seelische Vernachlässigung sind die häufigsten Formen von Gewalt gegen Kinder (von Klitzing 2022). Zugleich sind sie nur schwer zu definieren. Sicher ist, dass jede körperliche Misshandlung auch die Seele des Kindes schädigt. Seelische Verletzungen spielen daher bei allen Formen der Gewalt gegen Kinder eine zentrale Rolle. Während körperliche Verletzungen in den meisten Fällen heilen, wirken seelische Wunden oft ein Leben lang nach.

Seelische Gewalt bezeichnet grob ungeeignete und unzureichende, altersunangemessene Handlungen, Haltungen und Beziehungsformen von Eltern oder anderen Bezugspersonen gegenüber Kindern in Form von Ablehnung, Überforderung, Herabsetzung und Geringschätzung, Ängstigung, Instrumentalisierung und Terrorisierung, Isolierung, Korrumpierung, Ausbeutung und Verweigerung von emotionaler Zuwendung und Unterstützung, wodurch das Bestreben eines Kindes, seine emotionalen, kognitiven und moralischen Entwicklungsbedürfnisse zu befriedigen, in einem Maße eingeschränkt und frustriert wird, dass seine gesamte Persönlichkeitsentwicklung beeinträchtigt und geschädigt wird.

Psychische Gewalt kann aktiv erfolgen, wie im Fall verächtlicher Zurückweisung, oder passiv, wenn ein Kind zum Beispiel beständig ignoriert wird. Sie kann als akutes Geschehen auftreten (z. B. als Drohung gegenüber dem Kind) oder als chronisches Interaktionsmuster (z. B. emotionale Unnahbarkeit eines Elternteils). Seelische Gewalt kann sich als leicht erkennbarer, extremer Verhaltensakt zeigen (z. B. als verbale Attacke) oder subtile Formen annehmen (z. B. wenn die Zuneigung eines Kindes zum anderen, getrennt lebenden Elternteil missbilligt wird). In allen Fällen psychischer Gewalt geht es um ein wiederholtes oder dauerhaftes Verhaltensmuster, durch das dem Kind zu verstehen gegeben wird, es sei wertlos, ungewollt oder ungeliebt, mit schweren Fehlern behaftet oder nur dazu da, die Bedürfnisse eines anderen Menschen zu erfüllen.

FALLBEISPIEL

„Am Wochenende war Mama wieder schlecht drauf"

Lea ist neun und ein stilles, zurückgezogenes Mädchen. Die Klassenlehrerin ist der Meinung, dass ihre schulischen Leistungen weit hinter ihren intellektuellen Möglichkeiten zurückbleiben. Jetzt sei sogar die Versetzung gefährdet. Am Nachmittag im Hort wirkt Lea oft wie abwesend. Teilnahmslos schaut sie anderen Kindern beim Spielen zu. Lediglich Fantasy-Spiele scheinen sie zu interessieren. Manchmal beißt sie sich auf die Lippen, bis diese blutig sind. Auf ihre Hausaufgaben kann sie sich kaum konzentrieren.

Den pädagogischen Fachkräften fällt auf, dass sich Lea nie mit Freundinnen verabredet und jeden Tag um Punkt 15 Uhr den Hort verlässt. Auf Nachfrage erklärt sie, dass sie zu Hause den Haushalt erledigen und Einkäufe machen muss.

An einem Montag kommt Lea zusammen mit ihrer Oma außergewöhnlich früh in den Hort. „Am Wochenende war Mama wieder schlecht drauf", berichtet sie aufgeregt. Ihre Oma, eine etwas gebrechliche alte Dame, ergänzt: „Meine Tochter, die Mutter von Lea, ist alleinerziehend und seelisch krank. Am Sonntag war es besonders schlimm, und sie hatte einen psychotischen Schub. Trotz ihrer Medikamente musste sie in die Psychiatrie aufgenommen werden. Jetzt wohnt Lea wieder einmal bei mir."

Informationen zusammentragen

Die psychische Erkrankung eines Elternteils gehört zu den nicht immer leicht erkennbaren Gefahren für Kinder. Oft kann die Situation in der Familie lange Zeit einigermaßen stabil gehalten werden, ohne dass die Bedrohung für Außenstehende sichtbar wird. Dies hängt auch mit typischen Krankheitsverläufen zusammen. Viele seelische Krankheiten sind durch einen wellenförmigen Verlauf gekennzeichnet. Ruhige, unauffällige Phasen wechseln sich ab mit Zeiten schwerer Erkrankung (z. B. psychotischen Schüben), in denen der betroffene Elternteil nicht in der Lage ist, Verantwortung für ein Kind zu übernehmen, und bisweilen sogar stationär behandelt werden muss.

Sobald pädagogische Fachkräfte von der seelischen Erkrankung eines Elternteils Kenntnis haben, sollte zeitnah ein Gespräch im Team stattfinden, bei dem sämtliche Informationen einen längeren Zeitraum betreffend zusammengetragen werden. Möglicherweise erscheint das Verhalten eines Kindes dadurch rückblickend in einem neuen Licht. Folgende Fragen sollten erörtert werden:

- Welche Informationen über Art und Verlauf der psychischen Erkrankung stehen zur Verfügung (offene und versteckte Anzeichen, Berichte des betroffenen Elternteils und anderer Familienmitglieder, medizinische Informationen)?
- Sprechen der betroffene und/oder der nicht betroffene Elternteil bzw. andere Bezugspersonen des Kindes über die Situation und wird die Erkrankung als solche benannt oder verleugnet?
- Welche Auswirkungen auf das Kind sind erkennbar?
- Steht ein gesunder Elternteil oder eine andere Bezugsperson zur Verfügung, der/die sich bei Ausfall des erkrankten Elternteils um das Kind kümmert und Elternverantwortung wahrnimmt?
- Gab es Gefährdungssituationen, in denen das Kind geschützt werden musste?

Im Fall von Lea ist dem Hort gerade erst bekannt geworden, dass die Mutter psychisch krank ist, Medikamente nimmt und nun in einem psychiatrischen Krankenhaus stationär behandelt wird. Die Großmutter berichtet, dass es sich um eine psychotische Erkrankung handelt. Unklar ist, wie lange der Krankenhausaufenthalt dauern wird und wie sich der weitere Verlauf gestaltet. Weder Lea selbst noch die Großmutter haben zuvor über den Zustand der Mutter berichtet. Lediglich die Teilnahmslosigkeit des Mädchens, ihre geringe Konzentrationsfähigkeit, das Beißen auf die Lippe sowie ihre Aussage, dass Mama am Wochenende „wieder schlecht drauf" war, können als Hinweise auf ihre belastende Situation betrachtet werden.

Auffallend ist die altersuntypische Gewissenhaftigkeit von Lea, mit der sie nach dem Hort regelmäßig und pünktlich nach Hause geht, um sich dort um den Haushalt zu kümmern. Möglicherweise ist ihr Bestreben, alles „im Griff zu haben", eine Reaktion auf die innere Unordnung, die sich für sie aus dem unberechenbaren Verlauf der seelischen Erkrankung ihrer Mutter ergeben hat. Von heute auf morgen kann es passieren, dass die Mutter ausfällt und sie zu ihrer Großmutter gehen muss, ohne dass für sie abzusehen ist, wie lange diese Episoden dauern.

Wenn die Mutter krankheitsbedingt ausfällt, springt die Großmutter ein. Obwohl sie bereits etwas gebrechlich ist, übernimmt sie anstelle ihrer Tochter Elternverantwortung, sobald sie gebraucht wird. Auch für sie ist nicht einschätzbar, wie lange dies jeweils der Fall ist und ob sich der Zustand ihrer Tochter verbessern oder sogar weiter verschlechtern wird. Nicht zu erkennen ist, ob die Großmutter mit der Aufgabe alleine steht oder ihrerseits auf Unterstützung (z. B. durch ihren Mann/Partner) zählen kann. Unklar ist auch, welche Rolle Leas Vater und eventuelle weitere Verwandte einnehmen und ob durch sie Entlastung möglich ist. Gefahren für Lea sind insbesondere für den Fall zu befürchten, dass die Großmutter zum Beispiel altersbedingt nicht mehr uneingeschränkt zur Verfügung steht.

Das Gespräch mit der Oma suchen

Immer dann, wenn sie dazu nicht in der Lage ist, hat die Mutter die Alltagssorge für ihre Tochter ihrer eigenen Mutter – Leas Großmutter – überlassen. Dies ist auch jetzt wieder der Fall. Die Fachkräfte im Ganztag sollten daher zeitnah das Gespräch mit der Großmutter suchen, die gegenwärtig der Zugang zur Familie ist. An dem Gespräch sollte neben der für Lea zuständigen Fachkraft im Hort eine Leitungsperson teilnehmen. Sie könnte das Gespräch wie folgt eröffnen: „Vielen Dank, dass Sie sich Zeit für dieses Gespräch genommen haben. Wir haben von Ihnen erfahren, dass Leas Mutter derzeit in einem psychiatrischen Krankenhaus stationär behandelt wird. Weiterhin haben Sie uns berichtet, dass Ihre Tochter an einer psychotischen Erkrankung leidet. Sie unterstützen sie nach Kräften, haben Lea bei sich aufgenommen und kümmern sich um alles, was Ihr Enkelkind braucht. Wir schätzen dieses große Engagement sehr. Zugleich machen wir uns Sorgen darüber, wie es Lea in dieser Situation geht. Wir möchten Sie bitten, uns bei der Klärung der Frage zu unterstützen, inwieweit unsere Sorgen berechtigt und welche Hilfen eventuell notwendig sind. Außerdem würden wir gerne Ihre Sicht der Situation kennenlernen."

In einem nächsten Schritt sollte die für Lea zuständige Fachkraft berichten, was an ihrem Verhalten aufgefallen ist und welche Fragen sich daraus ergeben. Wichtig ist, Leas Bemühen wertzuschätzen, trotz der für sie vermutlich bedrohlichen Situation weiterhin gut zu „funktionieren" und alles unter Kontrolle zu behalten. Zugleich sollte deutlich gemacht werden, dass dies von dem Mädchen große Anstrengungen erfordert, ihre Fähigkeit beeinträchtigt, sich zu konzentrieren und sich auf andere Kinder einzulassen, und zu Überforderungen führen kann.

Anschließend sollte die Großmutter gebeten werden, die Situation aus ihrer Sicht darzustellen. Dabei sollte sie ermutigt werden, auch über solche Aspekte zu sprechen, die den Fachkräften im Ganztag bisher nicht bekannt geworden sind. Hierzu gehören zum Beispiel der bisherige Verlauf der Erkrankung der Mutter, die familiäre und häusliche Situation sowie ihre eigene Befindlichkeit.

Zum Abschluss des Gesprächs sollte erörtert werden, welche Hilfen notwendig und sinnvoll sind. Eine besondere Unterstützung des Kindes im Ganztag (regelmäßige Beobachtung, besondere Zuwendung und Förderung) und ein enger Austausch zwischen Großmutter und pädagogischen Fachkräften können ebenso dazugehören wie eine Entlastung der Großmutter im Alltag. Vereinbart werden sollte auch, dass nach der Entlassung der Mutter aus dem Krankenhaus ein gemeinsames Gespräch zwischen Mutter, Großmutter und Ganztag stattfindet. Verlauf und Ergebnisse des Gesprächs sind sorgfältig zu dokumentieren.

Die Risiken für das Kind einschätzen

Im Anschluss an das Gespräch mit der Großmutter müssen die Risiken für das Kind eingeschätzt werden, im Falle gewichtiger Anzeichen für eine Kindeswohlgefährdung unter Hinzuziehung einer insoweit erfahrenen Fachkraft gemäß Paragraf 8a Absatz 4 SGB VIII. Im Fall von Lea sollte insbesondere eingeschätzt werden, ob und wie lange die Großmutter in der Lage ist, bei Ausfall der Mutter Elternverantwortung wahrzunehmen und die Versorgung ihres Enkelkindes sicherzustellen. Wichtig ist auch, Verlauf und Prognose der seelischen Erkrankung der Mutter in die Risikoeinschätzung einzubeziehen bzw. zu überlegen, auf welche Weise hierüber unter Beachtung des Datenschutzes Informationen erlangt werden können.

Die Mutter für Hilfen gewinnen

Trotz ihres krankheitsbedingten vorübergehenden Ausfalls bleibt die Mutter als Sorgeberechtigte die wichtigste Ansprechperson für den Ganztag. Bald nach ihrer Entlassung aus der Klinik sollte ein gemeinsames Gespräch mit Mutter und Großmutter vereinbart werden. In diesem Gespräch sind der Mutter die Beobachtungen in Bezug auf Leas Verhalten und der Verlauf der Kontakte mit der Großmutter zu berichten. Sowohl die Fähigkeit der Mutter, ihre Tochter in einer Krisensituation der Großmutter zu überlassen und insofern Elternverantwortung wahrzunehmen, als auch der enorme Einsatz der Großmutter sollten wertgeschätzt werden. Im weiteren Verlauf des Gesprächs sollte offen über eventuelle zukünftige Krisen gesprochen werden. Möglicherweise ist die Mutter bereit, zu diesem Zweck Informationen über ihre Erkrankung preiszugeben. Besonders wichtig für Lea ist die Frage, wie die Erkrankung prognostisch, das heißt, in Bezug auf den anzunehmenden weiteren Verlauf, eingeschätzt werden muss und welche Einschränkungen dadurch für die Fähigkeit der Mutter zu erwarten sind, Elternverantwortung wahrzunehmen. Weiterhin sollte besprochen werden, wer bei Ausfall der Mutter die Verantwortung für Lea übernehmen kann und ob zusätzlich zur Großmutter weitere Unterstützungspersonen zur Verfügung stehen.

Sofern eine solche Unterstützung nicht innerhalb der Familie geleistet werden kann, sollte geprüft werden, ob gegebenenfalls eine professionelle Unterstützung über die Krankenkasse der Mutter (Hilfe im Haushalt) oder das Jugendamt (Betreuung und Versorgung des Kindes in Notsituationen nach § 20 SGB VIII) infrage kommt. Ein vorsorgliches Gespräch der Mutter (eventuell mit Unterstützung des Ganztags) mit dem für sie zuständigen Jugendamt kann auch dazu beitragen, dass die Mutter bestehende Ängste abbaut, Lea könne ihr weggenommen werden.

Wenn das Wohl des Kindes gefährdet ist

In manchen Fällen ist aufgrund der psychischen Erkrankung eines Elternteils das Wohl von Kindern gefährdet. Eine Kindeswohlgefährdung kann zum Beispiel bestehen, wenn die Versorgung im Alltag nicht mehr gewährleistet werden kann, das Verhalten des Erkrankten unberechenbar und mit Gefahren (z. B. Gewalt) für das Kind verbunden ist oder sofern das Kind für eigene Zwecke instrumentalisiert wird (wenn das Kind z. B. für die Krankheit verantwortlich gemacht oder als Partnerersatz missbraucht wird).

In schweren Fällen, besonders dann, wenn keine Krankheitseinsicht besteht und keine gesunde Person in der Familie für Ausgleich sorgen kann, ist unter Einschaltung des Jugendamts und gegebenenfalls des Familiengerichts eine Trennung des Kindes von seinen Eltern erforderlich, notfalls im Zuge einer Inobhutnahme gemäß Paragraf 42 SGB VIII. Bei der Entscheidung über den Verbleib des Kindes in der Familie darf keinesfalls den Ausschlag geben, dass Kinder möglicherweise zur Stabilisierung eines kranken Elternteils beitragen, da eine solche Instrumentalisierung des Kindes dem Kindeswohl nicht gerecht wird.

In den zahlreichen Fällen, in denen das Kind in der Familie verbleiben kann, sind häufig auf das Kind und/oder die Eltern bezogene ambulante Hilfen notwendig. Voraussetzung für eine nicht-traumatische Bewältigung sind vor allem eine offene Kommunikation und altersgerechte Information sowie die Ermutigung, Fragen zu stellen und vorhandene Ängste zu äußern. Eltern und Kindern sollte vermittelt werden, dass ein transparenter Umgang mit der bedrohlichen Wirklichkeit weniger ängstigend sein kann, als mit diffusen Fantasien und Ängsten alleingelassen zu werden.

Neben einer solchen generell offenen Haltung bedarf es – über die Versorgung des erkrankten Elternteils hinaus – **spezifischer Hilfen,** die der jeweiligen Situation in der Familie flexibel angepasst werden müssen. Hierfür kommen insbesondere in Betracht:

Vertrauensperson: Kinder psychisch kranker Eltern benötigen – neben der erkrankten Person – eine Vertrauensperson, die ihre schwierige Lage erkennen und Ausgleich schaffen kann. Sie brauchen jemanden an ihrer Seite, der ihnen Verlässlichkeit und Orientierung bietet und sie mit emotionaler Zuwendung versorgt. Leben keine gesunden Familienangehörigen im Haushalt oder sind diese damit überfordert, kann den Kindern möglicherweise eine professionell auf eine solche Aufgabe vorbereitete Patin bzw. ein Pate zur Seite gestellt werden.

Entlastung der Familie: Häufig bedarf es entlastender Hilfen im Haushalt oder bei der Erziehung der Kinder. Solche Hilfen sind auch wichtig, um einem sozialen Rückzug der Familie entgegenzuwirken. Hierfür kommt die Vermittlung von Haushaltshilfen oder Familienhelfer:innen in Betracht, eventuell auch weitere durch das Jugendamt vermittelte Angebote nach dem Kinder- und Jugendhilfegesetz (SGB VIII). Sinnvoll ist die Abstimmung darüber, welche Person bzw. Institution sich als „Case Manager:in" versteht, um die Hilfen zu koordinieren.

Psychotherapeutische Hilfen: Im Einzelfall kann eine Kinderpsychotherapie angezeigt sein, um das betroffene Kind dabei zu unterstützen, mit der schwierigen Situation zurechtzukommen.

4.3 Körperliche Gewalt

Körperliche Gewalt umfasst alle Handlungen – vom einzelnen Schlag mit der Hand über Prügeln, Festhalten und Würgen bis hin zum gewaltsamen Angriff mit Riemen, Stöcken oder anderen Gegenstanden –, die zu einer nicht-zufälligen körperlichen Verletzung eines Kindes führen, wobei es vor allem zu Blutergüssen, Prellungen, Schädel- und Knochenbrüchen, aber auch zu inneren Verletzungen und zu Verbrennungen, Verbrühungen oder Vergiftungen kommt.

FALLBEISPIEL

Der Vater schubst und würgt seinen Sohn

Lucian ist acht und ein ungestümer, impulsiver Junge. Wenn er sich ungerecht behandelt fühlt, kann er schon bei Kleinigkeiten sehr aufbrausend sein. Er schlägt dann wild um sich und nimmt sein Gegenüber in den Schwitzkasten. Kürzlich hat ein anderes Kind bei einer solchen Attacke regelrecht nach Atem ringen müssen. Als sein jüngerer Bruder, der in dieselbe Schule geht, bei einem Ausflug des Hortes von Gewalt des Vaters gegen Lucian erzählt, beschließen die Fachkräfte, die Eltern zum Gespräch einzuladen. In dem Gespräch, an dem nur die Mutter teilnimmt, wird das ganze Ausmaß der Probleme in der Familie deutlich. Die Mutter berichtet, dass ihr Mann im alkoholisierten Zustand den älteren Sohn mehrfach durch die Wohnung geschubst und ihn übel angeschrien habe. Einmal habe er ihn sogar gewürgt. Der Vater sei in einer Künstlerfamilie in Rumänien aufgewachsen und selbst als Kind körperlich misshandelt worden. Er sei von Beruf Schauspieler, allerdings seit einigen Monaten arbeitslos. In diesem Zusammenhang habe sein Alkoholkonsum deutlich zugenommen. Sie selbst arbeite in einer Boutique und müsse nun mit ihrem Gehalt ganz überwiegend die gesamte Familie ernähren. Mehrfach habe sie schon überlegt, sich von ihrem Mann zu trennen und mit den Kindern auszuziehen. Allerdings habe sie Angst, dass sich ihr Mann in einem solchen Fall etwas antun und sich das Leben nehmen könnte, so wie sie es bereits bei ihrem Bruder erlebt habe.

Informationen zusammentragen

Im Ganztag ist Lucian als unbeherrschter und in Konfliktsituationen übergriffiger Junge bekannt. Nach Berichten des jüngeren Bruders und einem Gespräch mit der Mutter wird eine andere Seite der Problematik deutlich: Lucian hat selbst Gewalt durch seinen Vater erfahren, der ihn in alkoholisiertem Zustand mehrfach durch die Wohnung geschubst, angeschrien und sogar gewürgt hat.

Über die Familie ist weiterhin bekannt, dass der Vater selbst als Kind misshandelt wurde. In Zusammenhang mit seiner Arbeitslosigkeit haben sein Alkoholkonsum und die Spannungen in der Familie zugenommen. Um die Kinder vor der Gewalt des Vaters zu schützen, hat die Mutter bereits eine Trennung erwogen. Sie schreckt aber vor einem solchen Schritt zurück, da sie befürchtet, dass dies ihren Mann zusätzlich belasten würde und er sich dann verletzen oder sogar das Leben nehmen könnte, so wie dies bereits in ihrer Herkunftsfamilie bei ihrem Bruder geschehen ist.

Im Fall von Lucian sollten die für ihn zuständigen Fachkräfte im Ganztag zeitnah das kollegiale Gespräch suchen, in dem die Beobachtungen von mehreren Seiten zusammengetragen werden. Es kann eine erste Einschätzung der Situation erfolgen. Sämtliche Beobachtungen sollten schriftlich dokumentiert und mit Ort, Zeit und Namen der Beobachtenden gekennzeichnet werden.

Eine insoweit erfahrene Fachkraft hinzuziehen

Da Berichte über Gewalt gegen ein Kind glücklicherweise nicht zum Alltag im Ganztag gehören, kann nicht erwartet werden, dass pädagogische Fachkräfte mit solchen Situationen in jedem Fall routiniert umgehen können. Der Gesetzgeber hat daher in Paragraf 8a Absatz 4 SGB VIII Einrichtungen und Dienste der Kinder- und Jugendhilfe verpflichtet, im Falle der Feststellung gewichtiger Anhaltspunkte für eine Kindeswohlgefährdung eine „insoweit erfahrene Fachkraft" beratend hinzuzuziehen. Diese Fachkraft ist ausschließlich beratend tätig und unterstützt die Leitung und das Team bei der Einschätzung des Gefährdungsrisikos für das Kind und bei der Planung des weiteren Vorgehens.

Die Risiken für das Kind einschätzen

Bei der Risikoeinschätzung spielen Art und Umfang der Schädigung eine große Rolle. Im Fall einer körperlichen Misshandlung gehören hierzu Schwere und Charakter der Verletzung sowie die sich daraus ergebenden Folgen für das Kind. Weiterhin muss vor dem Hintergrund der Familiensituation die Wahrscheinlichkeit erneuter Misshandlungen (Wiederholungsgefahr) beurteilt werden. Schließlich ist die Frage zu beantworten, inwieweit die Eltern vermutlich bereit und in der Lage sein werden, geeignete Hilfen zu akzeptieren. Bei der Klärung dieser Fragen können sich das Erfahrungswissen der pädagogischen Fachkräfte im Ganztag sowie die Professionalität der insoweit erfahrenen Fachkraft auf gute Weise ergänzen. Sämtliche Ergebnisse der Risikoeinschätzung sollten sorgfältig dokumentiert werden, sodass die Vorgehensweise später nachvollziehbar bleibt.

In dem Fallbeispiel hat der Hort erstmals von körperlicher Gewalt des Vaters gegenüber Lucian erfahren. Unklar bleibt, wie häufig die Übergriffe stattfinden und welche Intensität sie haben. Sofern sich an den ursächlichen Bedingungen nichts ändert, ist damit zu rechnen, dass es in zugespitzten Situationen erneut zu Gewalt kommt. Ob der Vater bereit ist, sein Verhalten zu ändern und Hilfen in Anspruch zu nehmen, kann vorerst nicht beurteilt werden.

Eltern für Hilfen motivieren

In vielen Fällen können Eltern erfolgreich für Hilfen motiviert werden. Der Ganztag ist als niederschwellige, den Eltern vertraute Einrichtung hierfür gut geeignet. Ihm kommt eine wichtige Lotsenfunktion zu, um Eltern den Zugang zu geeigneten Hilfsangeboten zu eröffnen.

Im Fall von Lucian sollten beide Eltern zeitnah um ein Gespräch gebeten werden. Das Gespräch sollte von einer Leitungsperson gemeinsam mit der für den Jungen zuständigen Fachkraft geführt werden. Die Leitung sollte das Gespräch eröffnen und sich bei den Eltern für deren Bereitschaft zur Teilnahme bedanken. Anschließend kann die für den Jungen zuständige Fachkraft die Sorgen bezüglich Lucians Entwicklung schildern. Daraufhin sollten die Mutter und der Vater gebeten werden, ihre Sicht der Situation zu erläutern. Für die Gesprächsführung ist es sinnvoll, die Gewalt nicht isoliert zu betrachten, sondern in den Kontext der Familiensituation insgesamt einzubetten, um sie dadurch besser nachvollziehbar zu machen, ohne sie allerdings zu entschuldigen.

Am Ende der Schilderungen der Eltern sollte die Leitung den Vater bitten darzustellen, wie es zu der Gewalt gegen seinen Sohn gekommen ist. Nun ist der Vater möglicherweise in der Lage, Verantwortung für sein Verhalten zu übernehmen. Vielleicht beteuert er, dass es sich um seltene Vorfälle handelt und ihm sein Verhalten leidtut. Dennoch sollte die Leitung darauf hinweisen, dass solche zugespitzten Konflikte auch in Zukunft wieder zu erwarten sind und es daher darum gehen muss, an den Ursachen etwas zu verändern. Sie sollte dem Vater deutlich machen, dass sein Sohn und er selbst nach dem Kinder- und Jugendhilfegesetz einen Anspruch auf Hilfe haben und der Ganztag im Interesse von Lucian darauf Wert legen muss, dass diese Hilfe auch in Anspruch genommen wird. Welche Hilfen in diesem Fall geeignet und notwendig sind (z. B. Erziehungsberatung, Einzelfallhilfe, Anti-Gewalt-Training, therapeutische Unterstützung), kann eventuell in einem zweiten Gespräch, mit Zustimmung der Eltern auch unter Hinzuziehung einer Fachkraft zum Beispiel aus einer Erziehungsberatungsstelle oder dem Jugendamt, beurteilt werden.

Wenn die Anzeichen für eine Gefährdung gewichtig sind und die Eltern Hilfe ablehnen, muss die Leitung ihnen mitteilen, dass der Ganztag das Jugendamt informieren wird, das dann Kontakt mit der Familie aufnimmt.

4.4 Miterlebte häusliche Gewalt

Im weiteren Sinne bezeichnet häusliche Gewalt die Gewaltanwendung zwischen Menschen, die in einem Haushalt zusammenleben. Unter diesen Oberbegriff fallen Gewalt in Ehe- oder Paarbeziehungen, Gewalt gegen Kinder, Gewalt von Kindern gegenüber ihren Eltern, Gewalt unter Geschwistern und Gewalt gegen im Haushalt lebende ältere Menschen. So verstanden, wird häusliche Gewalt mit den Begriffen „Gewalt im sozialen Nahraum" und „Gewalt in engen sozialen Beziehungen" gleichgesetzt.

Im hier verwendeten engeren Sinne wird unter häuslicher Gewalt die Gewaltanwendung in Ehe- und Partnerbeziehungen verstanden. In diesem Sinne deckt sich der Begriff der häuslichen Gewalt mit Gewalt in Ehe und Partnerschaft. Bei häuslicher Gewalt zwischen (Ehe-)Partnern kann zwischen körperlicher Gewalt (u. a. Schlagen, Stoßen, Schütteln, Würgen, mit Gegenständen Werfen, andere tätliche Angriffe), psychischer Gewalt (u. a. Beschimpfung, Bevormundung, Demütigung, Drohung, Einschüchterung, Nötigung, Freiheitsberaubung, Kontrolle und Bespitzelung von Sozialkontakten), sexueller Gewalt (u. a. sexuelle Nötigung, Vergewaltigung, Zwang zur Prostitution) und sozial interaktiver Gewalt (u. a. Verbot der Arbeitsaufnahme, Zwang zur Arbeit, kein Zugang zum gemeinsamen Konto, Beschlagnahmung des Lohns) unterschieden werden.

In der überwiegenden Zahl der Fälle häuslicher Gewalt sind Frauen die Opfer und Männer die Täter. Hierbei ist allerdings zu bedenken, dass Frauen häufig zu seelischen Formen der Gewalt greifen und diese weniger öffentlich bekannt werden.

Auch die Kinder gehören zu den Opfern von Gewalt in Ehe- und Partnerbeziehungen. Dies gilt selbst dann, wenn diese nicht unmittelbar körperlich betroffen sind. Gewalt zwischen Eltern fügt der kindlichen Psyche in mehrerer Hinsicht Schaden zu:

- Das positive Bild der schützenden und fürsorglichen Eltern wird drastisch beschädigt.
- Die Identifikation mit dem Opfer (z. B. der Mutter) führt dazu, dass die Kinder die Situation so erleben, als wenn sie selbst die Gewalt erfahren hätten.
- Die Identifikation mit dem Täter (z. B. dem Vater) führt dazu, dass die Kinder Gewalt als wirksames Mittel der Konfliktlösung erleben und leichter Gefahr laufen, bei Konflikten selbst gewalttätig zu reagieren.
- Die mit der Gewalt zwischen den Eltern häufig verbundene Instrumentalisierung der Kinder kann dazu führen, dass diese in einen Loyalitätskonflikt geraten, aus dem sie sich allein nicht befreien können.

FALLBEISPIEL

„Mein Vater hat meiner Mutter ins Gesicht geschlagen"

Malik ist acht, stammt aus dem Libanon und geht in die zweite Klasse. Er ist nicht sehr beliebt, da er regelmäßig andere Kinder ärgert und sich auf deren Kosten Vorteile verschafft. Immer wieder kommt es zu Beleidigungen, Zerstörungen von Arbeitsmaterialien und kleinen Eigentumsdelikten, die eindeutig seine Handschrift tragen. Wenn er zur Rede gestellt wird, versucht er unbeholfen, die Schuld bei anderen Kindern zu suchen. Im Sportunterricht fällt er durch böse und manchmal sogar heimtückische Fouls auf. Einmal hat er einem Mitschüler beim Basketballspiel mit ungebremster Wucht in den Rücken getreten, sodass medizinische Hilfe in Anspruch genommen werden musste.

Als Malik im Verlauf einer körperlichen Auseinandersetzung auf dem Schulhof selbst durch einen Mitschüler am Arm verletzt wird und sich zu einer Lehrerin flüchtet, platzt es aus dem Jungen heraus. „Zu Hause ist nur Streit. Ständig brüllen sich meine Eltern an. Letzte Woche hat mein Vater meine Mutter gegen die Tür gedrückt und ihr ins Gesicht geschlagen."

Das Verhalten des Kindes verstehen

Beim nächsten Teamgespräch sollte ausführlich über die Situation von Malik und die möglichen Ursachen für sein Verhalten gesprochen werden. Die folgenden Punkte könnten hierbei genannt werden:

- Malik fällt durch stark übergriffiges Verhalten auf. Er ärgert und beleidigt andere Kinder, bereichert sich auf deren Kosten und streitet anschließend seine Urheberschaft ab. Im Sportunterricht ist es bereits zu einer absichtlichen Verletzung eines Mitschülers durch ihn gekommen.
- Aus dem Zusammenhang des Ganztags allein sind seine Übergriffe nicht erklärbar. Offensichtlich sind andere Gründe für Maliks Verhalten ursächlich.
- Als Malik im Verlauf einer körperlichen Auseinandersetzung selbst von einem Mitschüler verletzt wird, berichtet er über Gewalt im Elternhaus.
- Offenbar findet zwischen Maliks Eltern in Anwesenheit des Jungen heftiger und lautstarker Streit statt, in dessen Verlauf es zu körperlicher Gewalt des Vaters gegen die Mutter gekommen ist. Da es sich bei seinen Eltern um die für Malik wichtigsten Bezugspersonen handelt, muss sich die Partnergewalt negativ auf das Wohl des Kindes auswirken. Es kann nicht ausgeschlossen werden, dass sich die Gewalt des Vaters auch auf das Kind erstreckt.

Eltern für Hilfen motivieren

Gewalt in Ehe und Partnerschaft wirkt sich negativ auf die im Haushalt lebenden Kinder aus. Da dies den Eltern nicht immer bewusst ist, sollte der Ganztag in einem ersten Schritt über die Folgen häuslicher Gewalt für das Kind informieren. In einem zweiten Schritt sind die Eltern für Hilfen zu motivieren.

Im Fall von Malik sollten beide Eltern zeitnah zu einem Gespräch eingeladen werden. Um die Wahrscheinlichkeit zu erhöhen, beide Eltern zu erreichen, ist es sinnvoll, schriftlich einzuladen. Die Leitung könnte die Einladung zum Beispiel wie folgt formulieren: „Sehr geehrter Herr (...), sehr geehrte Frau (...), wir machen uns Sorgen um Malik und mochten mit Ihnen beiden über Ihren Sohn sprechen. Wir laden Sie daher zu einem Gespräch am (...) von (...) bis (...) Uhr ein. Falls Ihnen diese Zeit nicht passt, können wir gerne einen anderen Termin vereinbaren." Bei nächster Gelegenheit sollten sich die Fachkräfte mündlich oder telefonisch vergewissern, ob der Termin wahrgenommen wird und ob beide Eltern teilnehmen.

In der Vorbereitung des Gesprächs sollte geklärt werden, ob eine Verdolmetschung notwendig ist, die möglicherweise über das örtliche Jugendamt angefordert werden kann. Um Objektivität zu gewährleisten und die Privatsphäre der Eltern zu wahren, sollte diese Aufgabe nicht von einem (älteren) Kind und auch nicht von einem anderen Elternteil aus dem Ganztag wahrgenommen werden.

Das Gespräch sollte gemeinsam von einer Leitungsperson und einer für Malik zuständigen Fachkraft geführt werden. Die Fachkraft sollte den Eltern sachlich und ohne Schuldvorwurfe das Verhalten von Malik schildern und ihnen mitteilen, dass die Gründe dafür nicht im Ganztag zu finden sind. Anschließend sollte die Leitung die Mutter und den Vater bitten, ihre Sicht der Situation darzustellen und dabei auch die familiäre Situation einzubeziehen. Sofern die Eltern über ihre Streitigkeiten zu Hause berichten, sollten die Fachkräfte erläutern, dass sich diese Konflikte auch dann ungünstig auf ihre Kinder auswirken, wenn diese nicht unmittelbar von Gewalt betroffen sind.

Im weiteren Verlauf des Gesprächs muss überlegt werden, welche Lösungen möglich sind. Hierbei sollte der Ganztag seine Möglichkeiten (z. B. eine besondere Zuwendung und Förderung von Malik sowie ein verstärkter Austausch mit den Eltern) einbringen und die Eltern sollten gebeten werden, darzustellen, was sie selbst ändern können. Schließlich gilt es zu erörtern, ob weitere Hilfen (z. B. eine auf Familien mit Migrationshintergrund spezialisierte Paarberatung) sinnvoll sind und angenommen werden können. Um Verständigungsschwierigkeiten zu vermeiden, sollten die Vereinbarungen am Ende des Gesprächs schriftlich formuliert werden. Verlauf und Ergebnisse des Gesprächs sind sorgfältig zu dokumentieren.

Falls die Konflikte zwischen den Eltern bereits so zugespitzt sind, dass ein gemeinsames Gespräch mit Mutter und Vater nicht möglich ist, sollte versucht werden, getrennte Gespräche zu führen und die Ergebnisse anschließend beiden Eltern mitzuteilen. Wenn ein Elternteil aufgrund eskalierender Gewalt Schutz vor dem anderen Elternteil sucht, treten Maßnahmen nach dem Gewaltschutzgesetz in Kraft, über das die Eltern in einem solchen Fall in Kenntnis gesetzt werden sollten.

Gewaltschutzgesetz

Am 1. Januar 2002 ist das „Gesetz zum zivilrechtlichen Schutz vor Gewalttaten und Nachstellungen" (Gewaltschutzgesetz – GewSchG) in Kraft getreten. Das Gesetz schafft eine klare Rechtsgrundlage für Schutzanordnungen des Zivilgerichts. Diese umfassen insbesondere Kontakt-, Näherungs- und Belästigungsverbote bei vorsätzlichen und widerrechtlichen Verletzungen von Körper, Gesundheit oder Freiheit einer Person einschließlich der Drohung mit solchen Verletzungen. Weiterhin ist in das Gesetz eine Anspruchsgrundlage für die – zumindest zeitweise – Überlassung einer gemeinsam genutzten Wohnung aufgenommen worden, wenn die verletzte Person mit dem Täter einen auf Dauer angelegten gemeinsamen Haushalt führt. Um eine möglicherweise bestehende Schutzlücke bis zur Beantragung einer Schutzanordnung beim Zivilgericht zu schließen, haben die meisten Bundesländer außerdem ihre Polizeigesetze geändert. Im Zuge der Änderungen erhielt die Polizei ausdrücklich die Eingriffsbefugnis für eine Wegweisung des Gewalttäters aus der Wohnung. Das Gesetz folgt dem Ansatz: „Der Schläger bzw. die Schlägerin geht, das Opfer bleibt.“ Demzufolge müssen Frauen oder Männer, die häusliche Gewalt erfahren haben oder von ihr bedroht sind, nicht mehr den gemeinsamen Haushalt verlassen, in einem Frauenhaus Zuflucht suchen oder zu Obdachlosen werden. Sie können nun per Eilantrag vor Gericht durchsetzen, dass ihnen die gemeinsame Wohnung zeitlich befristet oder dauerhaft zur alleinigen Nutzung zugewiesen wird. Dies ist besonders in den Fällen wichtig, in denen das Wohl der im Haushalt lebenden Kinder gefährdet ist. Dabei ist die mögliche Zuweisung nicht mehr nur auf Ehewohnungen beschränkt, sondern gilt auch für alle auf Dauer angelegten häuslichen Gemeinschaften.

Wenn das Wohl des Kindes gefährdet ist

Manchmal ist in Zusammenhang mit Partnergewalt das Wohl eines Kindes gefährdet. Dies gilt besonders dann, wenn sich die Gewalt auch auf das Kind erstreckt, die Versorgung des Kindes nicht mehr gewährleistet ist, das Kind von einem Elternteil massiv gegen den anderen instrumentalisiert wird oder wenn das Kind starke Furcht vor einem Elternteil äußert.

Im Fall gewichtiger Anhaltspunkte für eine Kindeswohlgefährdung hat der Ganztag gemäß Paragraf 8a Absatz 4 SGB VIII eine insoweit erfahrene Fachkraft hinzuziehen, die Leitung und Team bei der Einschätzung des Gefährdungsrisikos für das Kind sowie bei der Planung des weiteren Vorgehens unterstützt. In akuten Notsituationen, wenn zum Beispiel die Eltern aufgrund ihrer Gewalttätigkeit das Kind nicht mehr versorgen können oder das Kind nicht nach Hause gehen will, kann eine Inobhutnahme unter Einbeziehung des Jugendamts oder notfalls das Einschalten der Polizei erforderlich sein.

4.5 Sexualisierte Gewalt

Sexualisierte Gewalt bzw. sexueller Missbrauch ist eine die geltenden Generationsschranken überschreitende sexuelle Aktivität eines Erwachsenen oder Jugendlichen mit Minderjährigen in Form von sexueller Belästigung, Masturbation, oralem, analem oder genitalem Verkehr oder sexueller Nötigung bzw. Vergewaltigung sowie sexueller Ausbeutung durch Nötigen von Minderjährigen zu pornografischen Aktivitäten und Prostitution. Durch den Missbrauch werden die körperliche und seelische Entwicklung, die Unversehrtheit und Autonomie sowie die sexuelle Selbstbestimmung der Minderjährigen gefährdet und beeinträchtigt, und ihre

Gesamtpersönlichkeit nachhaltig gestört. Langfristige Folgen reichen von posttraumatischen Belastungsstörungen über Depressionen bis hin zu multiplen Persönlichkeitsstörungen.

Die Täter:innen nutzen ihre Macht- bzw. Autoritätsposition sowie die Abhängigkeit des Kindes aus und ignorieren dessen Grenzen. Sexualisierte Gewalt ist oft mit seelischer Misshandlung (z. B. Erpressung) und in schweren Fällen häufig mit Vernachlässigung verknüpft. In etwa drei Viertel der Fälle werden Missbrauchshandlungen an Kindern durch männliche Täter begangen. Rund ein Drittel aller Fälle geht auf das Konto jugendlicher Täter. Minder schwere Fälle werden als sexuelle Grenzverletzungen bezeichnet. Wird die Grenzverletzung von einem noch nicht strafmündigen Kind begangen, spricht man von sexuellen Übergriffen.

Die Schwere des Traumas sexualisierter Gewalt ist abhängig vom Alter der Betroffenen bei Beginn des Missbrauchs und von dessen Dauer, Häufigkeit und Intensität sowie von der emotionalen Beziehung zwischen Täter:in und Opfer. Generell gilt, dass chronische gewaltsame Missbrauchserfahrungen zu weitaus schwereren Schädigungen führen als verbale Entgleisungen (sexuelle „Anmache") oder exhibitionistische und voyeuristische Vorgänge.

FALLBEISPIEL

„Ich finde das eklig"

Fiona ist sechs und geht seit einem halben Jahr in den Ganztag. Sie ist ein fröhliches Mädchen und bei vielen Kindern beliebt. Sie bewegt sich gerne und begeistert andere Kinder mit ihren Ideen für Fang- und Kletterspiele. Seit einigen Tagen jedoch klagt sie über Kopf- und Bauchschmerzen, ohne dass sich dafür eine Erklärung anbietet.

Als die Gruppe der Kinder von einer Fachkraft gefragt wird, wie denn das Wochenende verlaufen ist, beteiligt sich Fiona nicht an dem Austausch. Wenig später, während die übrigen Kinder schon auf dem Weg nach draußen sind, wendet sie sich an die Fachkraft: „Mein Wochenende war nicht gut. Lukas legt sich immer in mein Bett. Dann will er, dass ich ihn anfasse. Das finde ich eklig." Auf die erschrockene Frage der Fachkraft, wer denn Lukas sei, antwortet sie: „Der passt auf mich auf, wenn meine Eltern abends weg sind." Dann dreht Fiona sich um und geht zu den anderen Kindern nach draußen. Nachdem die Fachkraft ihre erste Verwirrung überwunden hat, wendet sie sich sofort an ihren Kollegen, mit dem sie ihr Wissen teilt.

Informationen zusammentragen

Hinweise auf den sexuellen Missbrauch eines Kindes lösen bei pädagogischen Fachkräften in der Regel große Beunruhigung und Bestürzung aus. „Das darf doch nicht wahr sein!", lautet meist die erste Reaktion, gefolgt von Gefühlen der Angst, Hilflosigkeit und Wut. Die Hoffnung, sich mit seinen Beobachtungen und Schlussfolgerungen getäuscht zu haben, wechselt ab mit dem Wunsch, das Kind sofort vor weiterem Missbrauch zu schützen. In das „Chaos der Gefühle" mischen sich bisweilen auch Selbstvorwürfe, die Vorgänge nicht früher erkannt und damit Schlimmeres verhindert zu haben.

Im Fall von Fiona werden der Fachkraft viele Fragen durch den Kopf gehen: Stehen die Kopf- und Bauchschmerzen, über die das Mädchen seit einigen Tagen klagt, in einem Zusammenhang mit dem vermutlichen Missbrauch? Hat ihr Fiona wirklich alles erzählt? Wann haben die Übergriffe begonnen und welches Ausmaß haben sie bereits erreicht? Wissen die Eltern davon und warum sind sie nicht in der Lage, ihr Kind zu schützen? Muss sie Fionas Eltern sofort über die Schilderungen ihrer Tochter informieren? Wie werden die Eltern reagieren? Und: Kann der Ganztag das Mädchen unter diesen Umständen ohne vorheriges Gespräch mit den Eltern überhaupt nach Hause gehen lassen?

Bei Verdacht auf sexuellen Missbrauch sind ruhige Überlegung und planvolles Vorgehen unabdingbar. Panische Reaktionen können die Situation möglicherweise verschlimmern und die Gefährdung noch erhöhen. Zugleich ist rasches Handeln notwendig, denn es ist zu befürchten, dass der Missbrauch fortgesetzt wird, solange das Kind nicht wirksam geschützt ist. In Fionas Fall sollte die Fachkraft den Erzählungen des Mädchens einfühlsam zuhören und unmissverständlich deutlich machen, dass das Verhalten von Lukas nicht akzeptabel ist. Sofern Fiona bereit ist, Einzelheiten zu berichten, kann behutsam nachgefragt werden. Es ist jedoch nicht Aufgabe der Fachkraft, „kriminalistisch" zu recherchieren.

Zumeist markieren Kinder die Grenzen ihrer Mitteilungsbereitschaft sehr genau; diese Grenzen müssen dann auch respektiert werden. Am Ende des Gesprächs sollte die Fachkraft dem Mädchen sagen, dass sie alles tun wird, damit sich derartige Vorfälle nicht wiederholen. Der möglichen Bitte Fionas, niemandem von den Vorkommnissen zu erzählen, darf die Fachkraft nicht nachkommen. In diesem Fall muss sie dem Mädchen vermitteln, dass sie seine Ängste zwar versteht, es jedoch ihre Aufgabe ist, dafür zu sorgen, dass Fiona in Zukunft besser geschützt wird.

Noch am selben Tag sollte die Fachkraft das Gespräch mit der Leitung und wenn möglich auch im Team suchen. In diesem Gespräch sollten sämtliche Beobachtungen, die mit dem berichteten Missbrauch in Zusammenhang stehen könnten (Verhalten des Kindes in den letzten Wochen, eventuelle Kontakte mit den Eltern), zusammengetragen und schriftlich dokumentiert werden.

Eine insoweit erfahrene Fachkraft hinzuziehen

Da bei Verdacht auf sexuellen Missbrauch nicht abgewartet werden kann, sollte gemäß Paragraf 8a Absatz 4 SGB VIII eine insoweit (d. h. in Bezug auf sexuellen Missbrauch) erfahrene Fachkraft möglichst noch am selben Tag (notfalls telefonisch) hinzugezogen werden. Ziel des Gesprächs zwischen Ganztag und der insoweit erfahrenen Fachkraft ist es, eine Einschätzung des Gefährdungsrisikos für das Kind vorzunehmen und das weitere Vorgehen zu planen.

Die Risiken für das Kind einschätzen

Bei der Risikoeinschätzung spielen Art und Umfang der Gefährdung eine große Rolle. Bei sexuellem Missbrauch ist bedeutsam, ob sich der Verdacht auf auffällige Verhaltensweisen des Kindes (z. B. sexualisiertes Verhalten) stützt oder ob das Kind selbst von sexuellen Übergriffen berichtet. Weiterhin ist zu unterscheiden, ob es sich um verbale Grenzüberschreitungen handelt oder ob körperliche Übergriffe stattgefunden haben und welches Ausmaß an psychischem Druck (z. B. Drohungen, Zwang zur Geheimhaltung) und/oder körperlicher Gewalt (z. B. Festhalten, Verletzungen des Kindes) damit verbunden ist.

Zudem ist abzuschätzen, ob die Eltern – sofern sie nicht selbst als Täter:innen infrage kommen – von den Vorkommnissen wissen, warum sie das Kind bisher nicht schützen konnten und inwieweit sie vermutlich bereit und in der Lage sein werden, geeignete Hilfen anzunehmen. Sämtliche Ergebnisse der Risikoeinschätzung werden sorgfältig dokumentiert.

Eltern informieren und für Hilfen motivieren

In erster Linie ist es Aufgabe der Eltern, ihr Kind vor sexuellem Missbrauch zu schützen. Sofern die Eltern bzw. ein Elternteil nicht selbst als Täter infrage kommen, müssen sie zeitnah (in der Regel am selben Tag) über die Beobachtungen und die damit verbundenen Vermutungen seitens des Ganztags informiert werden. Ein solches Gespräch sollte von der Leitung gemeinsam mit der zuständigen Fachkraft geführt werden. Den Eltern sollte deutlich gemacht werden, dass der Ganztag den Schilderungen des Kindes Glauben schenkt und sie als deutliche Hinweise auf sexuellen Missbrauch versteht. Normalerweise sind Eltern daraufhin sofort bereit, alle notwendigen Maßnahmen zu ergreifen, damit ihr Kind Hilfe erhält und künftig besser geschützt ist.

Im Fall von Fiona sollte gegenüber den Eltern darauf bestanden werden, dass Lukas, der offensichtlich von ihnen zur Beaufsichtigung ihrer Tochter in den Abendstunden engagiert worden ist, ab sofort keinen Kontakt mehr zu dem Mädchen hat. Weiterhin sollten die Eltern ermutigt werden, eine Strafanzeige wegen sexuellem Missbrauch zu stellen. Eine Konfrontation des Mannes mit den Vorwürfen sollte den Strafverfolgungsbehörden überlassen bleiben. Außerdem sollten die Eltern auf Unterstützungsmöglichkeiten (z. B. eine Fachberatungsstelle gegen sexualisierte Gewalt) hingewiesen werden, um ihrer Tochter eine Bewältigung der Geschehnisse zu ermöglichen. Aufgabe des Ganztags ist es, sich davon zu überzeugen, ob die notwendigen Maßnahmen tatsächlich stattfinden und ob sie wirksam sind. Lehnen die Eltern notwendige Hilfen ab oder reichen diese nicht aus, muss der Ganztag das Jugendamt informieren.

In den Fällen von sexuellem Missbrauch, in denen die Eltern bzw. ein Elternteil selbst als Täter infrage kommen und das Kind vor ihnen geschützt werden muss, ist ein konfrontierendes Gespräch notwendig. Da in einem solchen Fall Schutzmaßnahmen unter Umstanden auch gegen den Willen von Eltern(-teilen) ergriffen werden müssen, sollte ein solches Gespräch in der Regel von einer Fachkraft des Jugendamts geführt werden. Das Jugendamt entscheidet dann – notfalls unter Einschaltung des Familiengerichts –, welche Maßnahmen notwendig sind, um das Kind zu schützen (z. B. Inobhutnahme).

4.6 Instrumentalisierung nach Trennung/Scheidung

Jedes Jahr erleben mehr als 150.000 Kinder in Deutschland die Trennung oder Scheidung ihrer Eltern. Nur bei einem kleinen Teil hoch konflikthafter Trennungen ist das Wohl eines Kindes gefährdet. Zugleich gehören Sorge- und vor allem Umgangsstreitigkeiten nach einer Trennung zu den häufigsten Konflikten, die sich auch auf das Kind und die Arbeit im Ganztag auswirken.

Selbst gutwillige Eltern geraten in akuten Trennungskrisen häufig an ihre Grenzen. Für die Eltern ist es eine große Herausforderung, die mit einer Trennung verbundenen Regelungen an den Bedürfnissen des Kindes auszurichten. Obwohl sie das Beste für ihr Kind wollen, fällt es ihnen nicht immer leicht, auch das Beste für ihr Kind zu tun. Gerade kurz nach einer Trennung oder Scheidung, wenn es emotional noch drunter und drüber geht, können Versagens- und Schuldgefühle sowie Vorstellungen über die vermeintlich negativen Auswirkungen der Trennung sie daran hindern, die Bedürfnisse ihres Kindes wahrzunehmen und zu verstehen. Außerdem fällt es ihnen oft schwer, mit dem anderen Elternteil zu kommunizieren.

Wenn es den Eltern nicht gelingt, das Kind aus ihren Konflikten herauszuhalten, oder wenn ein Elternteil versucht, das Kind gegen den anderen einzunehmen, geraten Kinder in einen für sie nicht lösbaren Loyalitätskonflikt. Sie verlieren die Orientierung und wissen nicht, wie sie sich verhalten sollen. Viele Kinder reagieren dann mit innerem Rückzug. Sie wollen es beiden Eltern recht machen und müssen daher ständig auf der Hut sein, um sich nicht falsch zu verhalten und einen Elternteil zu „verraten". Eine andere Reaktion auf Loyalitätskonflikte kann darin bestehen, dass sich das Kind zeitweise oder dauerhaft auf die Seite eines Elternteils schlägt. Dies schafft kurzfristig Entlastung, aber der Preis dafür ist hoch. Das Kind erlebt seine Beziehung zu einem Elternteil als belastet und verliert manchmal vollständig den Kontakt zu ihm.

FALLBEISPIEL

„Sag doch mal, wer Papas neue Freundin ist"

Fabian ist acht Jahre alt und geht in die dritte Klasse. Er gilt als stiller, zurückgezogener Junge, der oft mit seinen Gedanken woanders ist. Seine schulischen Leistungen sind unterdurchschnittlich. Auffallend ist sein ausgeprägter Gerechtigkeitssinn. Wenn es beim Mittagessen um den Nachtisch geht, legt er großen Wert darauf, dass alle exakt die gleiche Menge bekommen.

Die Eltern von Fabian haben sich nach längerem Streit vor etwa einem Jahr getrennt. Nun pendelt er wöchentlich zwischen den Haushalten seiner Mutter und seines Vaters. Die Fachkräfte im Ganztag haben mit Sorge bemerkt, dass die Eltern praktisch bei jedem Zusammentreffen in heftigen Streit geraten. Egal ob es um Absprachen hinsichtlich der Betreuungszeiten, den Kauf von Schulmaterial oder um Fragen der Ernährung geht, beide Elternteile lassen keine Gelegenheit aus, den jeweils anderen im Beisein des Kindes schlecht zu machen. Bei einem lautstarken Konflikt im Eingangsbereich der Schule hat sich Fabian die Ohren zugehalten, offensichtlich, weil er den Elternstreit nicht mehr hören wollte. Kürzlich hat eine Fachkraft mitbekommen, wie die Mutter Fabian beim Abholen mit strenger Stimme aufforderte: „Sag doch mal, wer Papas neue Freundin ist."

Informationen zusammentragen

In diesem Fall hat die Trennung offensichtlich nicht dazu geführt, dass sich die Konflikte zwischen den Eltern entspannen und wieder mehr Ruhe in das Familienleben einkehrt. Im Gegenteil, die Eltern setzen ihren Streit vor den Augen ihres Kindes fort und machen den jeweils anderen Elternteil schlecht. Da sie sich auf ein Wechselmodell verständigt haben und ihr gemeinsamer Sohn wöchentlich zwischen den Haushalten pendelt, sind der Absprachebedarf und damit auch das Konfliktpotenzial hoch.

Fabian leidet unter dem fortgesetzten Streit seiner Eltern. Er kann sich nicht konzentrieren und wirkt wie zerrissen von dem Elternstreit. Sein starker Gerechtigkeitssinn kann als Versuch verstanden werden, es allen „recht" zu machen, um die Zuneigung eines Elternteils nicht zu verlieren. Ständig muss er auf der Hut sein, nicht zwischen die Fronten zu geraten. Dabei will er den Streit zwischen den Eltern gar nicht mehr hören und hält sich verzweifelt die Ohren zu. Hinzu kommt, dass die Mutter versucht, ihn gegen den Vater zu instrumentalisieren, indem sie ihn auffordert, ihr über die neue Partnerin des Vaters zu berichten.

Offensichtlich sind die Eltern nicht in der Lage, nach Beendigung ihrer Partnerschaft die weiterhin fortbestehende Elternrolle im Interesse des Kindes wahrzunehmen. Mit ihrem Streit in Anwesenheit des Kindes verstoßen sie immer wieder gegen die in Paragraf 1684 Absatz 2 BGB enthaltene sogenannte Wohlverhaltensklausel, der zufolge Eltern alles zu unterlassen haben, „was das Verhältnis des Kindes zum jeweils anderen Elternteil beeinträchtigt oder die Erziehung erschwert".

Konflikten vorbeugen und auf Hilfen hinweisen

Damit sich Umgangskonflikte möglichst gar nicht erst zuspitzen, sollte im Falle einer Trennung oder Scheidung so früh wie möglich das Gespräch mit beiden Eltern gesucht werden. Sind die Eltern zu einem gemeinsamen Gespräch nicht bereit oder in der Lage, sollte je ein Gespräch mit Mutter und Vater allein geführt werden. In einem solchen Gespräch, an dem nach Möglichkeit die Leitung und eine für das Kind zuständige pädagogische Fachkraft teilnehmen, sollten alle für das Kind im Ganztag wichtigen Regelungen vereinbart werden, eventuell unter Nutzung der Broschüre „Wegweiser für den Umgang nach Trennung und Scheidung" (Deutsche Liga für das Kind et al. 2021). Die Ergebnisse sollten schriftlich festgehalten werden.

In dem Gespräch kann den Eltern auch mitgeteilt werden, dass Kinder normalerweise eine Trennung oder Scheidung ihrer Eltern gut verkraften. Möglich ist jedoch, dass sie aufgrund der Veränderungen in der Familie vorübergehend verunsichert sind und besondere Aufmerksamkeit seitens der Eltern und des Ganztags beanspruchen. Maßgeblich über die Entwicklung des Kindes entscheidet, inwieweit es den Eltern gelingt, trotz der Auflösung ihrer Paarbeziehung zum Wohl des Kindes zusammenzuwirken.

In den meisten Fällen gelingt es, Eltern davon zu überzeugen, ihr Handeln am Wohl des Kindes zu orientieren und trotz der Konflikte rund um die Trennung mit dem anderen Elternteil zu kooperieren. Manchmal ist dies jedoch nicht möglich. Sofern die Eltern nachhaltig nicht in der Lage sind, den Elternstreit zu beenden, benötigen das Kind und die Eltern Hilfe. Gemäß Paragraf 18 SGB VIII haben Eltern und auch das Kind Anspruch auf Beratung und Unterstützung bei der Ausübung der Personensorge und des Umgangsrechts. Außerdem haben Eltern gemäß Paragraf 28 SGB VIII einen Anspruch auf Erziehungsberatung im Fall von Erziehungsproblemen bei Trennung oder Scheidung. Auch für die von der Trennung ihrer Eltern betroffenen Kinder bestehen bei Bedarf Hilfemöglichkeiten wie zum Beispiel eine Kinderpsychotherapie oder Gruppenangebote für Scheidungskinder.

Wenn das Wohl des Kindes gefährdet ist

In manchen Fällen eskalieren Trennungskonflikte der Eltern so sehr, dass das Wohl des Kindes gefährdet ist. Dies kann der Fall sein, wenn ein Elternteil den anderen vor dem Kind ständig abwertet, das Kind gegen den anderen Elternteil aufhetzt oder es dazu benutzt, den (ehemaligen) Partner auszuspionieren. Auch Drohungen („Wenn du deinem Vater von meinem neuen Freund erzählst, bist du für mich gestorben"), wiederholte Beschuldigungen („Du bist genauso gemein wie deine Mutter"), Erpressungen oder der Entzug des Kindes können ein Kind nachhaltig schädigen und sein Wohl gefährden.

Sofern im Zusammenhang mit der Trennung oder Scheidung von Eltern gewichtige Anhaltspunkte für eine Kindeswohlgefährdung vorliegen, muss der Ganztag gemäß Paragraf 8a Absatz 4 SGB VIII eine insoweit erfahrene Fachkraft zur Abschätzung des Gefährdungsrisikos für das Kind hinzuziehen und bei den Eltern auf die Inanspruchnahme von Hilfen hinwirken. Wenn notwendige Hilfen von den Eltern nicht in Anspruch genommen werden oder nicht ausreichen, um die Gefährdung abzuwenden, muss der Ganztag das Jugendamt informieren.

4.7 Gespräche mit Kindern

Kinder, denen Gewalt angetan wurde oder die aus anderen Gründen unter der familiären Situation leiden, befinden sich in einer schwierigen Situation. Einerseits benötigen sie einfühlsame Erwachsene, denen sie sich mitteilen können, bei denen sie Trost und Verständnis finden und die dazu beitragen, ihre Lage zu verbessern. Andererseits versuchen sie genau dies zu vermeiden, um nicht die Loyalität gegenüber ihrer Familie aufzugeben, ihre wichtigsten Bezugspersonen zu „verraten“ und sich gegen die eigenen Eltern zu stellen. Häufig fühlen sich die Kinder schuldig für das, was ihnen angetan wurde: „Wie schlecht muss ich sein, dass meine Eltern mich so behandeln“, lautet ihre Schlussfolgerung.

Aufgabe der Fachkräfte im Ganztag ist es, die Signale gefährdeter Kinder ernst zu nehmen, ihren verbalen und nonverbalen Äußerungen Glauben zu schenken und ihnen verständlich zu machen, dass die Einrichtung daran mitwirkt, die Gefährdung zu beenden. Dabei geht es nicht darum, beim Kind auf kriminalistische Weise nachzufragen oder gar Anteile für schuldhaftes Verhalten zu ermitteln. Ziel der Gespräche mit Kindern in Gefährdungssituationen ist vielmehr, die Kinder zu entlasten, ein möglichst genaues Bild ihrer Situation zu erhalten und dadurch eine gute Grundlage für die Gespräche mit den Eltern zu bekommen, um auf diese Weise Hilfen zu ermöglichen.

In entspannten, Schutz bietenden Situationen sind Kinder erstaunlich gut in der Lage, unbefangen über belastende Erlebnisse zu sprechen, die bei ihnen Gefühle wie Angst, Wut, Hilflosigkeit oder Traurigkeit auslösen. Wichtig hierbei ist, dass die Fachkräfte ein Kind nicht unter Druck setzen und selbst offen für diese Themen sind, ohne dass eigene Ängste den Zugang erschweren. Die Psychologin Martine Delfos vermutet, dass Erwachsene oft die Fähigkeit von Kindern unterschätzen, über problematische Ereignisse zu sprechen: „Das liegt vermutlich an ihren eigenen Schwierigkeiten, über schmerzhafte Themen zu sprechen. Sie projizieren ihre eigenen Schwierigkeiten auf das Kind. Kinder dagegen sind oft unbefangen und bereit, ganz frei über emotionale Themen zu sprechen, sobald sie merken, dass ein Erwachsener dem offen gegenübersteht“ (Delfos 2004, S. 123).

Kindgerechte Kommunikation

Eine kindgerechte Kommunikation baut auf den Dialog zwischen Kind und pädagogischer Fachkraft. Dem Kind wird gezeigt, dass es mit seinen Äußerungen ernst genommen und in Konfliktsituationen unterstützt wird. Altersgerechte Kommunikation berücksichtigt das Ausdrucks- bzw. Symbolisierungsvermögen des Kindes, den Stand seines Wissens, die persönliche Aufmerksamkeitsspanne sowie emotionale Aspekte.

Bei Gesprächen mit Kindern sollten die folgenden Gesichtspunkte beachtet werden (vgl. Delfos 2004, S. 98):

- Dafür sorgen, dass das Kind sich wohlfühlt. Auf körperliche Signale eingehen (z. B. nicht zu lange stillsitzen). Nicht länger als zehn bis 15 Minuten sprechen.
- Die Augenhöhe des Kindes einnehmen und es immer wieder anschauen, während man spricht. Blickkontakt herstellen, diesen aber auch unterbrechen (Raum für Rückzug geben).
- Metakommunikation nutzen, das heißt, das kommunikative Geschehen zwischenzeitlich aus der Sicht einer beobachtenden Person kommentieren (z. B. „Ich merke, dass du müde bist. Vielleicht können wir morgen weiterreden").
- Nonverbale Kommunikationsformen wie Mimik und Gestik nutzen.
- So konkret wie möglich formulieren, kurze Sätze verwenden und schwierige Worte erklären.
- Dem Kind Hilfen bei der Formulierung geben.
- Das Kind ermutigen zu erzählen, was es empfindet oder will, weil man es sonst nicht weiß.
- Dem Kind aufmerksam zuhören und ihm die nötige Zeit lassen.
- Durch Wiederholung der Äußerungen des Kindes und anhand von Beispielen deutlich machen, dass verstanden wurde, was das Kind sagen will.
- Darauf hinweisen, dass man das Gespräch unterbricht und später fortsetzen wird, sobald man merkt, dass das Kind nicht (mehr) bei der Sache ist.
- Dafür sorgen, dass ein Kind nach einem schwierigen Gespräch wieder zu sich kommt.
- Deutlich das Ende eines Gesprächs markieren.

Die wichtigste Möglichkeit, einfühlsam zu reagieren, besteht darin, dem Kind nonverbal und verbal das zu spiegeln, was es an sachlichen und emotionalen Inhalten ausgedrückt hat. Ein Großteil dieser Spiegelungen geschieht intuitiv. So atmet die pädagogische Fachkraft zum Beispiel tief ein und macht ein sorgenvolles Gesicht, wenn das Kind etwas Trauriges erzählt. Auf diese Weise erfährt das Kind Verständnis und wird dabei unterstützt, sich selbst wahrzunehmen.

Fragetechniken sinnvoll nutzen

Fragen unterstützen das Kind dabei, sich zu erinnern, Assoziationen aufzubauen, eigene Ideen zu strukturieren und sich eine Meinung zu bilden. Darüber hinaus wird den Kindern durch Fragen gezeigt, dass Erwachsene keineswegs – wie von ihnen oft vermutet – bereits alles wissen.

Um ein Gespräch mit Kindern zu eröffnen, sind offene Fragen (Fragen, auf die nicht mit Ja oder Nein geantwortet werden kann) sinnvoll, eventuell eingeleitet mit einer erläuternden Aussage. Beispiel: „Manchmal haben Kinder Angst, etwa, wenn sie bei Dunkelheit allein auf der Straße sind. Wann bist du schon einmal ängstlich gewesen?"

Offene Fragen fordern freie Assoziationen. Sie begrenzen den/die Gesprächspartner:in nicht, sondern fordern ihn/sie auf, sich inhaltlich und persönlich zu beteiligen. Geschlossene Fragen, auf die mit einem einfachen Ja oder Nein geantwortet werden kann, sind demgegenüber für die Klärung von Sachinhalten wichtig. Beispiel: „Möchtest du etwas zu trinken haben?" Auch die sogenannten W-Fragen (wer, was, wo, wann, wie, warum), mit denen häufig eine offene Fragestellung verbunden wird, können Entscheidungsfragen sein, deren Antworthorizont vorgegeben ist. Beispiel: „Wie alt bist du?"
Beispiele für offene Fragen sind:

- Ich habe gesehen, dass du ... Was hattest du denn vor?
- Magst du mir dazu etwas erzählen?
- Kannst du mir zeigen (erzählen), was du dann gemacht hast?
- Wie kannst du dir das erklären?

Bisweilen kann es hilfreich sein, auf die Metaebene zu wechseln, also über das Reden zu reden. Beispiel: „Weißt du, manchmal traue ich mich nicht, etwas zu sagen. Geht es dir auch so?" Metakommunikation macht besonders deutlich, dass ein Interesse an der wirklichen Meinung des Kindes besteht. Suggestive Fragen wie „Es war doch bestimmt ganz toll, dass dein Papa am Wochenende auf dich aufgepasst hat, oder?" sollten vermieden werden, da sich in ihnen bereits die Antworten verstecken, die vom Kind erwartet werden.

Altersgerechte Beteiligung an Entscheidungen

Die Bereitschaft zur Kommunikation wird durch die Erfahrung eigener Wirksamkeit gefördert, also dadurch, dass dem Kind deutlich wird: Seine Worte haben Gewicht und führen zu Veränderungen. Am Ende eines Gesprächs sollte daher mit dem

Kind besprochen werden, welche Konsequenzen sich daraus ergeben. Die Fachkraft sollte ihm mitteilen, dass sie über wichtige Inhalte des Gesprächs mit ihren Kolleg:innen sprechen wird, um anschließend den Austausch mit den Eltern zu suchen. Dies gilt nicht in den Fällen, in denen ein Gespräch mit den Eltern die Gefahren für das Kind noch verstärkt.

Manchmal will ein Kind nicht, dass die Eltern erfahren, was es im Ganztag über die Situation zu Hause erzählt hat. In diesem Fall sollte die Fachkraft nachfragen, was das Kind befürchtet – und auch, was genau aus seiner Sicht den Eltern nicht mitgeteilt werden soll. In vielen Fällen bezieht sich der Wunsch des Kindes nach Vertraulichkeit lediglich auf bestimmte Aspekte seiner Mitteilungen oder auf einzelne Formulierungen, wegen derer es sich zum Beispiel schämt. Soweit dies nicht den Kern seiner Aussagen betrifft, kann darauf Rücksicht genommen werden.

Wenn ein Kind jedoch darauf besteht, dass die Fachkraft mit niemandem über seine Situation spricht, kann diesem Wunsch nicht entsprochen werden. Ein solches „schlechtes Geheimnis" darf nicht für sich behalten werden, da ansonsten der Schutz des Kindes vor (weiteren) Gefahren nicht gewährleistet ist. Sofern der Wunsch des Kindes nach Geheimhaltung auf der Angst vor negativen Konsequenzen durch die Eltern beruht, kann dies jedoch Einfluss auf das weitere Vorgehen haben. In einem solchen Fall kann es notwendig sein, sofort das Jugendamt zu informieren, um zum Schutz des Kindes vor den Eltern eine Inobhutnahme gemäß Paragraf 42 SGB VIII zu erreichen.

4.8 Gespräche mit Eltern

Im Falle gewichtiger Anhaltspunkte für eine Kindeswohlgefährdung sollten die Eltern zu einem extra anberaumten Gespräch eingeladen werden. Ausnahmen sind dann notwendig, wenn das Gespräch mit den Eltern das Kind zusätzlich belasten würde. Dies ist zum Beispiel der Fall, wenn Anzeichen nahelegen, dass ein Elternteil das Kind sexuell missbraucht hat und die Gefahr besteht, dass das Kind von den Eltern unter Druck gesetzt wird und/oder die Eltern sich einer strafrechtlichen Verfolgung entziehen könnten.

Im Folgenden werden **Rahmenbedingungen und Ablauf** eines solchen Elterngesprächs sowie wichtige Aspekte der Gesprächsführung erläutert:

Teilnehmer:innen: Zu dem Gespräch sollten beide Eltern eingeladen werden, je nach Familiensituation und nach vorheriger Zustimmung durch den/die Sorgeberechtigte:n auch die Lebenspartner:in oder eine andere für das Kind Sorgeverantwortung übernehmende Person. Vonseiten des Ganztags sollten zwei pädagogische Fachkräfte an dem Gespräch teilnehmen, darunter in der Regel eine Leitungsperson. Eine Gesprächsführung zu zweit erhöht die Objektivität und ermöglicht eine Rollenverteilung: Die Leitung übernimmt die Moderation, während die für das Kind zuständige pädagogische Fachkraft von den Beobachtungen berichtet, die zur Sorge um das Kind Anlass geben.

Einladung: Die Eltern sollten in Form einer kurzen Mitteilung schriftlich eingeladen werden. Eine schriftliche Einladung unterstreicht die Bedeutung des Gesprächs und dokumentiert die Vorgehensweise. Nach Möglichkeit sollte der Termin mündlich bestätigt werden. Dabei ist es sinnvoll, sich zugleich über die teilnehmenden Personen zu verständigen. Als Begründung für die Einladung zum Gespräch kann angegeben werden, dass der Ganztag ein außerplanmäßiges Gespräch wünscht, da er sich Sorgen um das Kind macht. Um nicht unnötig Druck aufzubauen, ist es sinnvoll, bereits bei Aufnahme eines Kindes die Eltern darauf hinzuweisen, dass es zur Arbeitsweise der Einrichtung gehört, dass die Eltern ebenso wie der Ganztag bei Bedarf jederzeit ein extra anberaumtes Gespräch erwirken können.

Zeit und Ort: Das Gespräch sollte so terminiert werden, dass niemand (z. B. aus beruflichen Gründen) an der Teilnahme gehindert wird. Eventuell muss eine Kinderbetreuung organisiert werden. Normalerweise reichen 30 bis 45 Minuten für das Gespräch aus, bei Bedarf kann ein Folgetermin vereinbart werden. Als Ort für das Gespräch sollte ein ausreichend großer Raum gewählt werden, der mit einem Tisch und bequemen Stühlen ausgestattet ist. Der Raum sollte vor Störungen (z. B. durch Telefonate) geschützt sein.

Vorgehen bei Absagen bzw. Nichterscheinen: Wenn beide Eltern das Gespräch absagen oder nicht erscheinen, sollte nach Abklärung der Gründe ein zweiter Versuch unternommen werden. Wird auch dieser Termin nicht wahrgenommen und bestehen die gewichtigen Anhaltspunkte für eine Kindeswohlgefährdung fort, sollte die Leitung die Eltern schriftlich um ein Gespräch mit einer Mitarbeitenden des Jugendamts bitten. Lehnen die Eltern ein solches gemeinsames Gespräch nachhaltig ab oder ignorieren sie die Einladung, muss der Ganztag das Jugendamt auch ohne Einwilligung der Eltern informieren (§ 8a Abs. 4 SGB VIII).

Begrüßung und Eröffnung: Zunächst sollte den Eltern etwas zu trinken angeboten werden. Günstig ist es, in diesem Fall eine Alternative zu formulieren, um deutlich zu machen, dass den Eltern auch in einer möglicherweise angespannten

Situation zugetraut wird, selbstständig Entscheidungen zu treffen (z. B. „Möchten Sie ein Glas Wasser oder eine Tasse Kaffee?").

Begrüßung und Eröffnung des Gesprächs sind Aufgabe der Leitung. Sie könnte sich zum Beispiel wie folgt an die Eltern wenden: „Vielen Dank, dass Sie beide sich Zeit für dieses Gespräch genommen haben. Wir haben Sie eingeladen, weil wir uns Sorgen um Ihr Kind machen. Wir möchten gerne von Ihnen erfahren, ob Sie unsere Sorgen nachvollziehen können oder ob Sie die Situation ganz anders sehen."

Verlauf des Gesprächs: Im Anschluss an die Gesprächseröffnung sollte die Leitung die für das Kind zuständige pädagogische Fachkraft bitten, die Anhaltspunkte für eine Gefährdung des Kindes möglichst konkret zu benennen und die daraus resultierende Besorgnis der Einrichtung zu formulieren. Die Fachkraft sollte ihre Beobachtungen und die der Kolleg:innen sachlich darstellen. Nicht nur die äußerlich sichtbaren Folgen wie zum Beispiel eine Verletzung oder ein auffälliges Verhalten des Kindes, sondern auch die vermuteten seelischen Folgen für das Kind und die damit verbundenen Sorgen der Fachkräfte sollten thematisiert werden. Schuldzuweisungen sind zu vermeiden.

Im nächsten Schritt sollte die Leitung die Eltern bitten, aus ihrer Sicht zu schildern, wie sie die Situation sehen. Ausdrücklich sollten die Eltern aufgefordert werden, mögliche weitere Punkte zu benennen, die ihnen hinsichtlich ihres Kindes Sorgen bereiten und die dem Ganztag bisher eventuell nicht bekannt waren und die wichtig sind, um ein Gesamtbild der Situation zu erhalten.

Daraufhin kann eine **erste Bilanz** gezogen werden: Welche Sorgen haben sich als (nicht) berechtigt erwiesen? Was erweist sich bei genauerer Betrachtung als weniger/besonders bedeutsam? Welche neuen Aspekte sind hinzugekommen? Inwieweit überschneidet sich die Problemsicht der Mutter bzw. des Vaters mit der Perspektive des Ganztags? In welchen Punkten konnte keine Einigung erzielt werden?

Anschließend geht es darum, **Lösungen für die erkannten Probleme** zu finden. Dies kann auf drei Ebenen geschehen: (1) Änderungen, die von den Eltern selbst herbeigeführt werden; (2) Unterstützung, die vom Ganztag geleistet wird; (3) Hilfen, die bei anderen Diensten oder Einrichtungen (z. B. Beratungsstellen, Jugendamt, medizinische Dienste) in Anspruch genommen bzw. beantragt werden. Sofern eine bestimmte Lösung nicht auf der Hand liegt und die Probleme einer genaueren Diagnostik bedürfen, muss überlegt werden, durch wen die weitere Abklärung erfolgen soll (z. B. Allgemeiner Sozialer Dienst des Jugendamts, Sozialpädiatrisches Zentrum).

Vereinbarung über das weitere Vorgehen: Zum Schluss des Gesprächs muss das weitere Vorgehen vereinbart werden. Wer unternimmt was in welchem Zeitraum? Was geschieht, wenn vereinbarte Lösungen sich als nicht durchführbar oder erfolglos erweisen? Wann findet das nächste Gespräch statt, in dem überprüft wird, ob die Hilfen erfolgreich waren? Sind die Eltern damit einverstanden, dass der Ganztag in Kontakt zu einer beteiligten Einrichtung (z. B. dem Jugendamt) tritt? Je nach elterlicher Kooperationsbereitschaft und Schweregrad der Gefährdung sollte den Eltern gegebenenfalls mitgeteilt werden, dass der Ganztag das Jugendamt informieren muss, sofern die vereinbarten Hilfen nicht in Anspruch genommen werden oder nicht ausreichen. Sämtliche Vereinbarungen sollten schriftlich festgehalten und von den Eltern und der Leitung unterschrieben werden. Zum Schluss sollte sich die Leitung bei den Eltern für ihre Mitwirkung bedanken und den Termin des nächsten Gesprächs in Erinnerung rufen.

Dokumentation: Eine sorgfältige schriftliche Dokumentation ist Bestandteil eines professionellen Umgangs mit Kindeswohlgefährdungen. Die Dokumentation dient sowohl der Evaluation des eigenen Vorgehens als auch – falls erforderlich – der rechtlichen Überprüfbarkeit. Sofern im Sinne von Paragraf 8a Absatz 4 SGB VIII das Jugendamt eingeschaltet wird, trägt eine Dokumentation auch dazu bei, die Vorgehensweise des Ganztags fachlich nachvollziehbar und überprüfbar zu machen.

Die Dokumentation sollte von der für das Kind zuständigen pädagogischen Fachkraft in Absprache mit der Leitung erstellt werden. Zur Gewährleistung des Datenschutzes ist darauf zu achten, dass die Dokumentation nicht von unbefugten Dritten eingesehen werden kann. Beobachtungen sollten zeitnah und so konkret wie möglich festgehalten werden. Daraus abgeleitete Hypothesen und Schlussfolgerungen sind als solche zu benennen und von den Beobachtungen getrennt darzustellen. Sämtliche Angaben sollten mit Datum und Uhrzeit sowie mit dem Namen der jeweils dokumentierenden Fachkraft gekennzeichnet sein.

Die Dokumentation gewichtiger Anhaltspunkte für eine Kindeswohlgefährdung sollte sich insbesondere auf die folgenden Aspekte beziehen:

- Beschreibung der (gewichtigen) Anhaltspunkte für eine Kindeswohlgefährdung bei Kind und Eltern sowie der daraus abgeleiteten Hypothesen
- Ergebnisse der kollegialen Beratung unter Einbeziehung der Leitung und gegebenenfalls des Trägers
- Ergebnisse der Beratung mit der insoweit erfahrenen Fachkraft gemäß Paragraf 8a Absatz 4 SGB VIII

- Beschreibung der Kontaktaufnahme und der Gespräche mit den Eltern sowie Darstellung der Gesprächsergebnisse
- Nennung der von den Eltern in Anspruch genommenen Hilfen, sowohl innerhalb der Einrichtung als auch von externen Fachdiensten (einschließlich der vereinbarten Rückmeldungen)
- Beschreibung der Wirksamkeit der angenommenen Hilfen im Hinblick auf die Beendigung der Gefährdung
- Falls im konkreten Fall erforderlich: Informationen, die an das Jugendamt übermittelt wurden
- Falls im konkreten Fall erforderlich: Vereinbarungen über die Kooperation zwischen Ganztag und Jugendamt

5 Gewalt im institutionellen Bereich – erkennen und handeln

IN DIESEM KAPITEL ERFAHREN SIE,
- in welchen Formen Gewalt durch Fachkräfte vorkommt
- was die Ursachen und Folgen von Fehlverhalten sind
- auf welche Weise Gewalt durch Fachkräfte vorgebeugt wird
- wie mit Gewalt durch Fachkräfte umgegangen werden sollte

5.1 Formen, Ursachen und Folgen von Gewalt durch Fachkräfte

Gewalt durch Fachkräfte kommt – in unterschiedlicher Häufigkeit und Intensität – in jeder Einrichtung des Ganztags vor. Im Fokus der öffentlichen Aufmerksamkeit steht sie vor allem dann, wenn es um schwere Formen körperlicher oder sexualisierter Gewalt geht. Demgegenüber haben Beobachtungsstudien ergeben, dass in pädagogischen Beziehungen seelische Verletzungen besonders häufig vorkommen: „Durchschnittlich wurden ca. 20 Prozent aller Interaktionen als verletzend und ca. fünf Prozent als sehr verletzend kategorisiert. Demgegenüber ist zu vermuten, dass durchschnittlich drei Viertel aller Interaktionen anerkennend und neutral ausfallen" (Prengel 2020, S. 8).

Fehlverhalten und Gewalt gegen Kinder durch pädagogische Fachkräfte können sehr unterschiedliche Formen annehmen. Das Fehlverhalten kann unmittelbar erkennbar oder sehr subtil sein. Es kann einmalig oder immer wieder auftreten, sowohl in aktiver als auch in passiver Form, zum Beispiel durch Unterlassen einer notwendigen Fürsorgehandlung. Die Gewalt kann den Körper und/oder die Seele des Kindes verletzen oder sich als sexualisierte Gewalt in Form eines sexuellen Übergriffs oder Missbrauchs zeigen.

Formen **institutioneller** Gewalt	**Beispiele**
Seelische Gewalt	beschämen, demütigen, entwürdigen, ausgrenzen, isolieren, beleidigen, (rassistisch oder antisemitisch) diskriminieren, überfordern, überbehüten, ablehnen oder bevorzugen, ständig mit anderen Kindern vergleichen, Angst machen, anschreien, bedrohen, erpressen, notwendige emotionale Zuwendung bzw. Trost verweigern, ignorieren, verbalen Dialog verweigern, bei Übergriffen unter Kindern nicht eingreifen
Körperliche Gewalt	(unbegründet) festhalten, einsperren, isolieren, schlagen, zerren, schubsen, treten, zum Essen zwingen, Verweigerung notwendiger Hilfe (z. B. nach Unfällen)
Vernachlässigung der Aufsichtspflicht	Kinder unangemessen lange oder in gefährlichen Situationen unbeaufsichtigt lassen, notwendige Sicherheitsvorkehrungen oder Hilfestellungen unterlassen, Kinder in gefährliche Situationen bringen
Sexualisierte Gewalt (sexueller Missbrauch)	Kinder ohne deren Einverständnis oder gegen ihren Willen streicheln oder liebkosen, küssen, körperliche Nähe erzwingen, Kinder an den Genitalien berühren, sexuell stimulieren, sexuelle Handlungen durch ein Kind an sich vornehmen lassen, Kinder zu sexuellen Posen auffordern, Kinder nackt oder in sexuell aufreizenden Positionen fotografieren

Gewalt durch pädagogische Fachkräfte hat viele Ursachen. Nur selten lässt sich ein isolierter Grund angeben, wie es zur Gewalt kommen konnte. Häufig spielen Überforderung und individuelles Versagen, fehlende Unterstützung im Team oder durch die Leitung, Ausbildungsmängel, strukturelle Ursachen und situativer Stress eine Rolle. In den meisten Fällen verstärken sich die ungünstigen Bedingungen wechselseitig.

Gewalt wird auch begünstigt, sobald Fehlverhalten nicht wahrgenommen, ignoriert oder verharmlost wird. Wenn Kolleg:innen, das Team oder die Leitung untätig bleiben und die Vorfälle nicht ansprechen, führt dies zu einem Klima der Verleugnung. Dies lädt zur Wiederholung ein und trägt dazu bei, dass Gewalt fortgesetzt wird. Eine Kultur des Wegsehens wird auch gefördert, wenn der Ganztag über kein Schutzkonzept verfügt oder das Konzept nicht bei allen Fachkräften bekannt ist.

Überforderung und individuelles Versagen entstehen zumeist vor dem Hintergrund belastender Lebenserfahrungen. Wie andere Menschen auch haben viele pädagogische Fachkräfte in ihrem Leben schmerzhafte Erfahrungen mit seelischer, körperlicher und/oder sexualisierter Gewalt machen müssen. Nicht immer konnten diese Erlebnisse reflektiert, eingeordnet und verarbeitet werden. In den meisten Fällen übertragen Menschen, wenn sie in ihrer Kindheit und Jugend selbst Gewalt erlitten haben, diese Erfahrungen zwar nicht auf ihr späteres eigenes Handeln. Aber das Risiko für eine generationenübergreifende Weitergabe von Gewalt ist dadurch deutlich größer. Auslösender Faktor ist dann zumeist situativer Stress in Verbindung mit mangelnden Bewältigungsmöglichkeiten, mit der Folge, dass sich einzelne Fachkräfte nicht mehr unter Kontrolle haben.

Weitere Ursachen können mit der Lebenssituation und aktuellen Belastungen pädagogischer Fachkräfte zusammenhängen. Vor allem die folgenden akuten oder chronischen Belastungen können hierbei eine Rolle spielen: gravierende Beziehungs- und Partnerkonflikte, Trennungen und Verluste im Familienkreis, soziale Isolation, körperliche und/oder seelische Erkrankung, Suchtabhängigkeit, kulturelle Anpassungsschwierigkeiten.

Fehlende Unterstützung im Team oder durch die Leitung: Fehlverhalten wird bei mangelnder Rücksichtnahme und fehlender Solidarität unter den Mitgliedern des Teams, aber auch bei ausbleibender Fürsorge der Leitung bzw. des Trägers begünstigt. Bei Anzeichen für Überforderung sollte sich jede Fachkraft an die Leitung und an den Anstellungsträger wenden können. Leitungspersonen sollten ihrerseits frühzeitig reagieren, wenn Engpässe vorhanden sind und Überforderungen auftreten. Im Rahmen ihrer Fürsorgepflicht gehört es zu ihrer Aufgabe, Mitarbeiter:innengespräche zu führen und für Entlastung zu sorgen, bei Bedarf unter Einbeziehung des Trägers.

Mangelnde professionelle Kenntnisse: Ein weiterer Faktor sind Defizite in der Aus- und Fortbildung. Zwar enthalten die meisten Curricula Themen des Kinderschutzes und es gibt eine Vielzahl von Fortbildungsangeboten. Allerdings beziehen sich diese Angebote überwiegend auf Gefährdungen im familiären Umfeld. Fehlverhalten und Gewalt durch Fachkräfte im Ganztag zu thematisieren kommt demgegenüber immer noch viel zu kurz.

Strukturelle Ursachen: Die Wahrscheinlichkeit von Fehlverhalten und Gewalt wird durch strukturelle Mängel begünstigt. Ein nicht ausreichender Fachkraft-Kind-Schlüssel, zu viele Kinder in engen Räumen und vorübergehende oder sogar langfristige personelle Ausfälle erhöhen die Gefahr, dass es zu Gewalt kommt. Es liegt in der Verantwortung der Politik, durch die Schaffung kindgerechter Rahmenbedingungen für eine gute Strukturqualität zu sorgen und bei räumlichen oder personellen Engpässen Ersatz bereitzustellen.

Allerdings existiert zwischen unzureichenden Rahmenbedingungen einerseits und Fehlverhalten und Gewalt andererseits kein unmittelbarer Zusammenhang. Auch in schlecht ausgestatteten Einrichtungen des Ganztags wird häufig hervorragende pädagogische Arbeit geleistet. Umgekehrt kommt es auch in Einrichtungen mit vergleichsweise guter personeller und räumlicher Ausstattung zu Gewalt durch Fachkräfte. Strukturelle Mängel sind ein Risikofaktor, sie dürfen aber nicht dazu benutzt werden, um die persönliche Verantwortung der jeweils handelnden Personen zu verdecken.

Ursachen von Fehlverhalten und Gewalt durch pädagogische Fachkräfte
Überforderung und individuelles Versagen vor dem Hintergrund biografischer Erfahrungen
Mangelnde Unterstützung im Team und/oder durch die Leitung und den Träger
Ausbildungsdefizite und daraus folgend fehlende professionelle Kenntnisse
Strukturelle Ursachen: mangelnde personelle und/oder räumliche Ausstattung
Gewaltschutzkonzept nicht vorhanden oder nicht bekannt
Situativer Stress und mangelnde Bewältigungsmöglichkeiten

Fehlverhalten und Gewalt im Ganztag haben vielfältige Folgen, die sich in erster Linie auf das betroffene Kind und dessen Familie beziehen. Aber auch andere Kinder und Eltern können dadurch beunruhigt und verunsichert werden. In gravierenden Fällen von Gewalt im Ganztag sind außerdem negative Folgen für das Team, die gesamte Einrichtung und den Träger zu erwarten.

Folgen für die Kinder: Die Auswirkungen auf die betroffenen Kinder hängen von Art und Schweregrad der Gewalt ab. Zu den möglichen Folgen gehören seelische Belastungen wie zum Beispiel Ängste und depressive Verstimmungen, Verhaltensauffälligkeiten wie etwa Wutausbrüche und Destruktivität, Entwicklungsrückschritte, psychosomatische Störungen (z. B. Einnässen), Kontakt- und Beziehungsstörungen sowie körperliche Verletzungen und Traumatisierungen.

Aufgrund konstitutioneller Faktoren und biografischer Vorerfahrungen verkraften manche Kinder negative Erlebnisse besser oder schlechter als andere. In Abhängigkeit von der Widerstandsfähigkeit (Resilienz) des Kindes und vom Vorhandensein schützender Faktoren sind die Folgen bei einigen Kindern lediglich vorübergehender Art, während sie bei anderen länger anhalten.

Folgen für die Kindergruppe: In vielen Fällen führt Fehlverhalten durch Fachkräfte zu einer Verschlechterung des Gruppenklimas. Andere Kinder können Angst bekommen, selbst Opfer schlechter Behandlung zu werden. Manche Kinder nehmen sich das Fehlverhalten einer pädagogischen Fachkraft zum Vorbild und zeigen ebenfalls übergriffige Verhaltensweisen auf Kosten von Kindern oder Erwachsenen. Andere Kinder wiederum passen sich übermäßig an die Erwartungen der Fachkraft an und verhalten sich unnatürlich ruhig. Ihre Neugier und Spontaneität gehen zurück. Es kann ein Klima der Angst entstehen, durch das prosoziales Verhalten unter den Kindern abnimmt und Destruktivität zunimmt.

Folgen für die Eltern: Auch die Eltern des Kindes sind betroffen. In den meisten Fällen entsteht ein erheblicher Vertrauensverlust, der sich auch auf andere Fachkräfte, die Leitung und die gesamte Einrichtung ausweiten kann. Viele Eltern fragen sich, ob sie ausreichend informiert wurden und ob ihnen das gesamte Ausmaß des Fehlverhaltens bekanntgegeben wurde. Außerdem möchten sie wissen, welche Konsequenzen aus den Vorfällen gezogen werden.

Besonders beunruhigt sind Eltern, wenn sie befürchten, dass ihr Kind langfristige Folgen davontragen wird. Bei schweren Formen von Gewalt durch Fachkräfte ist damit zu rechnen, dass Eltern die Leitung und den Träger informieren, das Jugendamt einbeziehen, Strafanzeige erstatten oder die Presse einschalten.

Die Besorgnis vieler Eltern wird in der Frage gipfeln, ob ihr Kind in dieser Einrichtung noch gut aufgehoben ist und ob sie sicher davon ausgehen können, dass sich die Gewalt nicht weiter fortsetzt. Sie müssen sich entscheiden, ob sie ihr Kind hier weiterhin betreuen lassen oder die Einrichtung wechseln. In einer solchen Situation ist es nicht leicht, ein gestörtes Vertrauensverhältnis wieder zu reparieren.

Berichte über Fehlverhalten und Gewalt durch Fachkräfte verbreiten sich häufig sehr schnell unter der gesamten Elternschaft, nicht selten gemischt mit Gerüchten und falschen Informationen. Angst, Verunsicherung und häufig auch Misstrauen sind die Folge. Manche Eltern werden sich die Frage stellen, ob ihr Kind ebenfalls betroffen ist und ob der Ganztag die ganze Wahrheit preisgibt. Manchmal kommt es zu einer Spaltung in der Elternschaft und unterschiedlichen Parteinahmen. Während ein Teil der Eltern zu der beschuldigten Fachkraft hält und sich gar nicht vorstellen kann, dass sie sich falsch verhalten hat, distanzieren sich andere Eltern von ihr und bekräftigen die Vorwürfe.

Folgen für das Team, die Leitung und den Träger: Das Fehlverhalten einer Fachkraft hat Auswirkungen auf die Kolleg:innen und das gesamte Team. Möglicherweise sind Fachkräfte entsetzt und schämen sich für das Verhalten eines Teammitglieds. Außerdem können sich bei ihnen Schuldgefühle einstellen, wenn sie sich fragen, ob sie eventuell zu spät reagiert oder durch eigenes Verhalten eine Mitschuld auf sich geladen haben. Weiterhin kann die Angst entstehen, dass sämtliche Fachkräfte zukünftig einer stärkeren Beobachtung ausgesetzt sind und ein Klima des Misstrauens entsteht. Möglich ist auch, dass sich das Team in zwei Lager spaltet. Während ein Teil der Kolleg:innen zu der beschuldigten Fachkraft hält, wollen sich andere so schnell wie möglich von ihr trennen.

Auch die Leitung wird sich fragen, ob sie etwas falsch eingeschätzt oder zu spät reagiert hat und ob sie ihrem Schutzauftrag und ihrer Mitarbeiter:innenverantwortung gerecht geworden ist. Besonders bei schwerwiegenden Vorfällen wird bei ihr die Frage aufkommen, ob sie sich selbst etwas zuschulden hat kommen lassen und dafür zur Verantwortung gezogen werden kann. Außerdem kann sie befürchten, dass ihre persönliche und fachliche Autorität Schaden nimmt.

Eine weitere Folge für Leitungen besteht darin, dass sie nach einem Fehlverhalten einer Fachkraft entscheiden müssen, welche Schritte nun in welcher Reihenfolge unternommen werden müssen. Neben Maßnahmen zum Schutz des Kindes gehört hierzu die Entscheidung darüber, welche Konsequenzen mit Bezug zu der sich falsch verhaltenen Fachkraft notwendig sind, ob der Träger informiert wird und ob eine Meldung an die zuständige Behörde gemäß Paragraf 47 SGB VIII erforderlich ist. Gemeinsam mit dem Team muss sich die Leitung außerdem überlegen, auf welche Weise verloren gegangenes Vertrauen bei Kindern und Eltern zurückgewonnen werden kann. Da viele Fragen zeitnah beantwortet werden müssen, kann bei der Leitung ein Gefühl von Überforderung entstehen. Dies ist besonders dann zu erwarten, wenn sie zum ersten Mal mit einer solchen Situation konfrontiert wird und kein Gewaltschutzkonzept vorhanden ist.

Schließlich kann infolge des Fehlverhaltens einer Fachkraft das Image der Einrichtung und des Trägers in der Öffentlichkeit in Mitleidenschaft gezogen werden. Diese Gefahr besteht insbesondere in Fällen, in denen strafrechtliche Ermittlungen eingeleitet wurden und die Presse über den Fall berichtet. In einer solchen Situation kann bei der Einrichtung und dem Träger die berechtigte Befürchtung entstehen, dass dies neben dem immateriellen auch zu einem wirtschaftlichen Schaden führt.

Folgen von Fehlverhalten und Gewalt durch pädagogische Fachkräfte
Bei dem betroffenen Kind: seelische Belastungen wie zum Beispiel Ängste oder depressive Verstimmungen, Verhaltensauffälligkeiten, Kontakt- und Beziehungsstörungen, psychosomatische Beeinträchtigungen, Leistungsabfall, körperliche Verletzungen, Traumatisierung
Verschlechterung des Klimas in der Kindergruppe
Beschädigung des Vertrauensverhältnisses der Eltern des betroffenen Kindes zu den Fachkräften im Ganztag
Verunsicherung, Angst und Misstrauen in der gesamten Elternschaft
Scham- und Schuldgefühle bei den pädagogischen Fachkräften
Imageschaden für die Einrichtung des Ganztags und den Träger

5.2 Beschämung und Entwürdigung

Ein Kind zu beschämen bedeutet, es bloßzustellen und seiner Würde zu berauben. Beschämt zu werden beeinträchtigt die Selbstachtung und untergräbt das Selbstvertrauen. Es verhindert ein positives Gefühl für den eigenen Körper und die eigene Person und beschädigt das seelische Wohlergehen des Kindes. Beschämung und Entwürdigung sind bisweilen offensichtliche, manchmal aber auch subtile Formen seelischer Gewalt gegen Kinder. Außerdem untergräbt entwürdigendes Verhalten eine gute Fachkraft-Kind-Beziehung auf der Basis wechselseitigen Respekts und führt bei dem betroffenen Kind zu einem massiven Vertrauensverlust.

FALLBEISPIEL

Felina traut sich nicht

Felina ist acht Jahre alt und geht in die zweite Klasse. Sie ist deutlich übergewichtig und hat ungepflegte Zähne. Bereits mehrfach haben die Fachkräfte die alleinerziehende Mutter von Felina aufgefordert, ihrer Tochter nicht ständig gesüßte Getränke mitzugeben, bisher ohne Erfolg. In der Klassengemeinschaft hat Felina eine Außenseiterposition. Sie wirkt antriebslos und meldet sich so gut wie nie zu Wort. Da ihre Kleidung stark nach Tabakrauch riecht, wird sie von vielen Kindern gemieden. „Felina stinkt“, lautet die Begründung.

Bei einem Ausflug in den Wald haben sich die Fachkräfte kleine Herausforderungen für die Kinder ausgedacht. Unter anderem sollen die Kinder durch einen Bach waten und von einem am Wegesrand liegenden Baumstamm springen. Als Felina an der Reihe ist, nimmt sie all ihren Mut zusammen und klettert auf den

Baumstamm. Sie macht ein paar vorsichtige Schritte, traut sich dann aber nicht, herunterzuspringen. „Sei kein Angsthase! Spring endlich, du schaffst das!", ruft ihr die begleitende Fachkraft zu. Felina zögert lange. Dann hält sie die Hände vor ihr Gesicht und bricht in Tränen aus. Für alle deutlich hörbar wendet sich die Fachkraft an ihre Kollegin: „So eine Heulsuse, das ist ja nun wirklich nicht schwer. Da muss das Mädchen jetzt durch." Einige Kinder kichern.

Wie die Situation verstanden werden kann

In dem Fallbeispiel beschämt die Fachkraft die achtjährige Felina, indem sie das Mädchen überfordert, ihr vorwirft, ein „Angsthase" zu sein, ihre offensichtliche Angst vor der Herausforderung nicht ernst nimmt und sie anschließend vor den anderen Kindern und ihrer Kollegin als „Heulsuse" bezeichnet. Nicht Ermutigung und Unterstützung, sondern Herabwürdigung und Demütigung stehen im Vordergrund. Felina wird in dieser Situation vermittelt, dass sich ihr mutiges Klettern auf den Baumstamm nicht gelohnt hat und in keiner Weise wertgeschätzt wird. Im Gegenteil, sie wird mit ihrer Angst alleingelassen und bekommt den Eindruck, eine komplette Versagerin zu sein. Auf diese Weise wird ihre bereits bestehende Außenseiterposition in der Kindergruppe noch verstärkt. Das Kichern einiger anderer Kinder kann als Übersprungshandlung verstanden werden, bei der diese über die Identifikation mit der aggressiven Fachkraft ihre Betroffenheit in ein Lachen verwandeln.

In der gesamten Situation verhält sich die Fachkraft offensichtlich grob unprofessionell, was nicht nur Felina stark belastet, sondern zu einem Klima der Einschüchterung in der gesamten Gruppe führen kann. Ein Grund dafür ist wohl, dass die Fachkraft ihren eigenen Ärger über das geringe Selbstvertrauen und die zahlreichen Probleme des Mädchens nicht im Griff hat, sondern auf dem Rücken des Kindes austrägt. Im Hintergrund könnten ihre vergeblichen Versuche, die Mutter von Felina zu Verhaltensänderungen zu bewegen, zudem eine Rolle dafür spielen, dass sich ihre Frustration in einer das Kind beschämenden Reaktion entlädt.

Was in diesem Fall getan werden sollte

Beschämung, Demütigung und Entwürdigung dürfen nicht zugelassen werden. Die zweite pädagogische Fachkraft, die das Geschehen mitbekommt, sollte signalisieren, dass das Verhalten ihrer Kollegin bzw. ihres Kollegen nicht in Ordnung ist. Wenn keine Entschuldigung erfolgt, ist ein extra anberaumtes Gespräch unter

Einbeziehung der Leitung erforderlich. Das weitere Vorgehen hängt stark vom Verlauf und den Ergebnissen eines solchen Gesprächs ab. Mögliche Konsequenzen können von der Aufforderung zur Selbstreflexion im Rahmen zum Beispiel von Supervision über eine Abmahnung bis hin – im Falle fehlender Einsichtsfähigkeit – zu weitergehenden arbeitsrechtlichen Konsequenzen reichen.

Davon unabhängig sollte das Gespräch mit dem betroffenen Kind und dessen Mutter gesucht werden, um für die in der Familie bestehenden Probleme Lösungen zu finden und dem Mädchen geeignete Unterstützung zukommen zu lassen. Außerdem sollte dafür gesorgt werden, dass sich das Team des Ganztags im Zusammenhang mit der Entwicklung eines Schutzkonzepts mit dem Thema Beschämung und Entwürdigung von Kindern befasst.

Beschämung und Entwürdigung nicht zulassen

- Beschämung und Entwürdigung sind Formen seelischer Gewalt gegen Kinder und dürfen nicht geduldet werden.
- Entwürdigendes Verhalten beeinträchtigt die Selbstachtung und das Selbstwertgefühl und beschädigt das seelische Wohlergehen von Kindern.
- Fachkräfte, die Kinder beschämen, sollten darauf angesprochen und auf die schädigenden Folgen ihres Verhaltens hingewiesen werden.
- Wenn keine Einsicht vorhanden ist, sollte mit der Fachkraft ein extra anberaumtes Gespräch unter Einbeziehung der Leitung stattfinden.
- Sofern die mangelnde Einsichtsfähigkeit länger anhält, kommen weitergehende arbeitsrechtliche Konsequenzen in Betracht.

5.3 Anschreien

Anschreien ist eine Form seelischer Gewalt. Die Kinder werden mit ungezügelter Wut einer erwachsenen Person konfrontiert, die sie nicht einordnen können und die ihnen Angst macht. Dabei ist nicht die Lautstärke der entscheidende Faktor. Es kann Situationen geben, in denen Fachkräfte im besten Interesse eines Kindes laute und klar verständliche Ansagen machen müssen, zum Beispiel, um ein Kind vor einer Gefahr zu warnen oder ein übergriffiges Kind zu stoppen.

Wenn jedoch das Anschreien in erster Linie dazu dient, den eigenen Ärger unkontrolliert auf dem Rücken eines Kindes auszutragen, und das Kind dadurch eingeschüchtert wird, dann muss von Fehlverhalten und verbaler Gewalt gesprochen werden. Ein weiteres Kriterium für Fehlverhalten ist gegeben, wenn der Ärger einer Fachkraft sich nicht auf ein kritikwürdiges Verhalten bezieht, sondern sich gegen die Person eines Kindes richtet.

FALLBEISPIEL

Leon wird angebrüllt

Die Leiterin des Horts Heinrich-Heine-Straße legt großen Wert auf geordnete Abläufe. Sie ist stolz auf das von ihr erarbeitete Regelwerk, das bei Fehlverhalten klare Konsequenzen vorsieht. Auf diese Weise ist es ihr gelungen, den meisten Kindern, so wie sie es nennt, „höfliche Umgangsformen" beizubringen. Wenn sich ein Kind nicht an die Regeln hält, wird die Leiterin schnell unbeherrscht. Vor allem einige von ihr sogenannte „wilde Jungen" bekommen ihren Ärger zu spüren. Manchmal brüllt sie die Kinder regelrecht an.

Kürzlich hat es den siebenjährigen Leon besonders hart erwischt. Als der Junge bei einer ihrer Ansprachen nicht stillsitzen will und stattdessen Späße macht, staucht sie ihn lautstark vor der gesamten Gruppe zusammen: „Jetzt reicht es aber, Leon, verdammt nochmal. Ständig störst du und bist zu nichts zu gebrauchen. Beim nächsten Mal bestelle ich deine Eltern ein!" Leon ist daraufhin so eingeschüchtert, dass er schon Angst bekommt, wenn er die Leiterin nur von weitem sieht. Auch die Kolleg:innen im Team, die bereits mehrfach Zeug:innen von Schreiattacken der Leiterin gewesen sind, empfinden das Verhalten ihrer Chefin als nicht kindgerecht. Ein vorsichtiges Ansprechen hat allerdings zu keiner Besserung geführt. Nun wissen sie nicht, was sie tun sollen, um hier eine Änderung herbeizuführen.

Wie die Situation verstanden werden kann

In dem Fallbeispiel steht das Anschreien eines Kindes durch eine Leiterin in keinem angemessenen Verhältnis zum Anlass, nämlich der Schwierigkeit von Leon, während einer ihrer „Ansprachen" sitzen zu bleiben und sich ruhig zu verhalten. Der Vorwurf an das Kind, ständig zu stören und „zu nichts zu gebrauchen" zu sein, zielt auf die Person des Jungen und schüchtert ihn so sehr ein, dass er bereits Ängste entwickelt, wenn er die Leiterin nur von weitem sieht.

Da das Anbrüllen und die Unbeherrschtheit der Leiterin offensichtlich häufiger vorkommen, leiden auch Mitglieder des Teams unter dem Verhalten ihrer Chefin, wissen aber nicht, was sie tun sollen, damit diese ihr Verhalten ändert. Ein behutsames Ansprechen hat keine Änderung bewirkt. Die Schilderung lässt vermuten, dass die Leiterin seit vielen Jahren über wenig Feinfühligkeit verfügt und Kinder anschreit. Als Führungskraft nutzt sie ihre Machtposition aus und zeigt sich gegenüber Kritik immun. Sie ist von ihrem Regelwerk überzeugt und der Auffassung, dass die Kinder bei Regelverstößen streng gemaßregelt werden müssen, notfalls auch durch Anschreien.

Was in diesem Fall getan werden sollte

Da Gespräche zwischen Mitgliedern des Teams und der Leiterin nicht den gewünschten Erfolg gebracht haben, sollte die Gesprächsebene gewechselt werden. Dafür bietet sich ein klärendes Gespräch mit dem Träger an, demgegenüber auch die Leiterin rechenschaftspflichtig ist. Für dieses Gespräch könnten die Mitglieder des Teams eine Vertrauensperson benennen, welche die Auffassung des Teams vertritt. Zur Vorbereitung ist es sinnvoll, das problematische Verhalten der Leiterin zu dokumentieren. In den Gesprächen sollte auch überlegt werden, welche Hilfen die betroffenen Kinder benötigen und ob Eltern informiert werden müssen.

Das weitere Vorgehen hängt davon ab, inwiefern die Leiterin bereit und in der Lage ist, ihr Verhalten zu ändern. Als Maßnahmen des Trägers kommen eine professionelle Unterstützung der Leitung (z. B. durch Fortbildung), eine Freistellung der Leiterin von der Arbeit mit den Kindern, eine Abmahnung oder ein Leitungswechsel infrage. Sollten in den Gesprächen unvereinbare fachliche Positionen oder wechselseitige Vorwürfe aufeinandertreffen, kann die Einbeziehung einer neutralen Fachberatungsstelle oder das Angebot einer Supervision sinnvoll sein. In zugespitzten Fällen empfehlen sich eine Einbeziehung der Kita-Aufsicht und ein Vorgehen gemäß Paragraf 47 SGB VIII, demzufolge der zuständigen Behörde „Ereignisse oder Entwicklungen, die geeignet sind, das Wohl der Kinder und Jugendlichen zu beeinträchtigen" gemeldet werden müssen.

Anschreien nicht tolerieren

- Anschreien ist eine Form verbaler Gewalt, die Kinder einschüchtert und ihnen seelischen Schaden zufügt.
- Fachkräfte, die Kinder anschreien, sind ein schlechtes Vorbild. Es besteht die Gefahr, dass Kinder das negative Verhalten imitieren und selbst seelische oder körperliche Gewalt anwenden.

- Das Anschreien von Kindern sollte nicht toleriert werden, besonders dann nicht, wenn es wiederholt auftritt und darin ein Verhaltensmuster zu erkennen ist. Die pädagogischen Fachkräfte sollten angesprochen und auf die negativen Folgen ihres Verhaltens hingewiesen werden, bei Bedarf unter Einbeziehung der Leitung.
- Wenn das Anschreien als hilfloser Ausdruck einer Überforderungssituation auftritt, sollten die Ursachen beseitigt werden, die zu der Überforderung führen.
- Sofern eine Leitungskraft Kinder oder Erwachsene anschreit und nicht bereit oder nicht in der Lage ist, ihr Verhalten zu ändern, sollte der Träger der Einrichtung informiert werden.
- Gegebenenfalls ist eine Meldung an die Aufsichtsbehörden nach Paragraf 47 SGB VIII erforderlich.

5.4 Ständiges Vergleichen mit anderen Kindern

Jedes Kind ist anders. Auch zwischen etwa gleichaltrigen Kindern gibt es – unabhängig davon, wie gut sie gefördert werden – deutliche Begabungsunterschiede (interindividuelle Variabilität). Auch bei ein und demselben Kind kann der Stand der Entwicklung in den verschiedenen Entwicklungsbereichen große Unterschiede aufweisen (intraindividuelle Variabilität). Jedes Kind hat sein eigenes Tempo, das es zu respektieren gilt. Entwicklungen können zwar gefördert, aber nicht über die Grenzen des Kindes hinaus künstlich beschleunigt werden. Oder, wie ein afrikanisches Sprichwort besagt: „Das Gras wächst nicht schneller, wenn man daran zieht."

Kinder ständig an anderen Kindern zu messen, entmutigt sie und gibt ihnen das Gefühl, etwas nicht zu schaffen. Der anhaltende Vergleich mit weiterentwickelten, leistungsstärkeren Kindern vermittelt ihnen die Botschaft, weniger zu können oder sogar weniger wert zu sein. Ein negativer Kreislauf von Misserfolg, Enttäuschung und abnehmendem Selbstvertrauen kann entstehen. Besser ist es, Kindern vor Augen zu führen, welche Schritte in ihrer Entwicklung sie bereits erfolgreich zurückgelegt haben, um sie zu ermutigen, sich der nächsten Stufe ihrer Entwicklung zu widmen. Jedes Kind sollte in seiner Individualität erkannt und respektiert werden.

FALLBEISPIEL

„Ich gewinne sowieso nie"

Nikita ist neun Jahre alt. Sie liebt Tiere über alles und wünscht sich schon seit langem ein Kaninchen, bisher ohne Erfolg. Im Ganztag ist bekannt, dass ihre Mutter bei einem Unfall früh verstorben ist, als Nikita drei Jahre alt war. Nikita lebt in einer neu zusammengesetzten Familie, gemeinsam mit ihrem Vater, dessen Partnerin und einem vierjährigen Stiefbruder, der aus der neuen Partnerschaft des Vaters hervorgegangen ist. Im Alltag des Ganztags nimmt Nikita an den meisten Aktionen zwar teil, fällt dabei aber kaum auf. Sie ist wenig engagiert und wirkt oft bedrückt und traurig.

Nach den Weihnachtsfeiertagen initiiert eine Fachkraft einen kleinen Rechenwettbewerb, um auf diese Weise die Erledigung der Hausaufgaben attraktiver zu machen. Wer gewinnt, darf entscheiden, was die gesamte Gruppe anschließend unternimmt. Die meisten Kinder entwickeln großen Ehrgeiz und machen begeistert mit. Nicht so Nikita. Als sie bei dem Rechenwettbewerb wieder einmal weit abgeschlagen an letzter Stelle landet, wendet sie sich an eine neben ihr sitzende Praktikantin: „Ich gewinne sowieso nie. Die sind doch alle viel besser als ich."

Wie die Situation verstanden werden kann

In dem Fallbeispiel ist die neunjährige Nikita wenig engagiert und sehr zurückhaltend. Im Ganztag wirkt sie oft traurig und bedrückt. Dies hängt vermutlich mit ihrer Lebensgeschichte zusammen. Sie hat in sehr frühem Alter ihre Mutter verloren und lebt in einer neu zusammengesetzten Familie. Möglicherweise fühlt sie sich ihrem jüngeren Stiefbruder gegenüber benachteiligt, dem im Unterschied zu ihr selbst beide leiblichen Eltern zur Verfügung stehen.

Als eine Fachkraft im Zusammenhang mit den Hausaufgaben einen Rechenwettbewerb initiiert, ist Nikita im Unterschied zu vielen anderen Kindern nicht begeistert. Aufgrund ihrer begrenzten Fähigkeiten hat sie keine Chance zu gewinnen und landet regelmäßig am Schluss des Feldes. Sie hat daher auch keine Chance, einmal über eine Unternehmung der gesamten Gruppe zu entscheiden. Einer Praktikantin gegenüber fasst sie ihre Lebenserfahrung prägnant mit den Worten zusammen: „Ich gewinne sowieso nie."

Aus einer fachlichen Perspektive ist der Rechenwettbewerb sehr kritisch zu sehen, auch wenn einige Kinder begeistert mitmachen. Zum einen, weil Kinder hier zusätzlich zum schulischen Unterricht erneut in eine Konkurrenz- und Wettbewerbssituation gebracht werden, obwohl doch gerade die Hausaufgaben der individuellen Aneignung des Lernstoffs und nicht einem Prüfungszweck dienen sollen. Zum anderen, da das jeweilige Gewinnerkind eine nicht zu rechtfertigende Macht über andere Kinder erhält, indem es bestimmen darf, was die gesamte Gruppe anschließend unternimmt.

Was in diesem Fall getan werden sollte

Nikita wendet sich mit ihrer Enttäuschung an die Praktikantin. Die Praktikantin sollte daraufhin ihre auf das Mädchen bezogenen Beobachtungen der den Rechenwettbewerb durchführenden Fachkraft berichten, ergänzend auch der für sie zuständigen Anleitung im Ganztag. In einem anschließenden Fachgespräch sollte sowohl die problematische „Gewinnerregel" des Rechenwettbewerbs als auch die schwierige Lebenssituation des Mädchens erörtert werden. Sofern in dem Gespräch keine einvernehmliche Bewertung des Fehlverhaltens möglich ist, sollte die Leitung des Ganztags einbezogen werden.

Kinder nicht ständig an anderen messen

- Kinder sind verschieden: Große Unterschiede bestehen häufig sowohl zwischen Kindern ähnlichen Alters (interindividuelle Variabilität) als auch zwischen den verschiedenen Entwicklungsbereichen eines Kindes (intraindividuelle Variabilität).
- Jedes Kind ist einzigartig und will mit seinen Eigenarten akzeptiert und wertgeschätzt werden. Das individuelle Entwicklungstempo jedes Kindes muss respektiert werden.
- Kinder immer wieder an anderen Kindern zu messen, kann entmutigen und ihnen die Botschaft vermitteln, wenig wert zu sein.
- Förderlicher ist es, Kindern deutlich zu machen, welche Entwicklungsschritte sie bereits zurückgelegt haben, um sie dadurch zu bestärken, sich weiteren Herausforderungen zuzuwenden.
- Der Versuch, Kinder zu Leistungen zu drängen, zu denen sie (noch) nicht bereit sind, ruft Abwehr hervor und kann zu einer verzögerten Entwicklung führen.

5.5 Mobbing unter Kindern

Mobbing ist eine Form psychischer Gewalt, bei der es über eine längere Zeit zu absichtlichem seelischem Schikanieren, Quälen oder Tyrannisieren eines Kindes kommt. Zu den typischen Mobbinghandlungen gehören sozialer Ausschluss, die Verbreitung falscher Behauptungen, Demütigungen, Gewaltandrohung und eine fortgesetzte, unangemessene Kritik an der betroffenen Person. Das von Mobbing betroffene Kind ist üblicherweise nicht in der Lage, sich aus eigener Kraft aus der Mobbingsituation zu befreien.

Beim Cybermobbing geschieht die Schädigung einer anderen Person mithilfe elektronischer Kommunikationsmittel. Mobbing im digitalen Raum zeichnet sich durch eine besonders schnelle Verbreitung der Inhalte und durch die nicht mehr überschaubare Anzahl von Personen aus, denen die Nachricht zugesandt wird. Die Aktivitäten bleiben dauerhaft gespeichert und können unabhängig von Zeit und Ort abgerufen werden.

Da Mobber:innen nicht an der Lösung eines Problems, sondern an Ausgrenzung einer bestimmten Person interessiert sind, darf Mobbing nicht mit einem Konflikt unter Kindern gleichgesetzt werden. Den Mobber:innen geht es vor allem um Selbstbestätigung, um das Erleben von Machtfülle und um Anerkennung innerhalb einer Gruppe. Dadurch entsteht ein Klima der Angst, unter dem in vielen Fällen auch andere Kinder in der Klassengemeinschaft leiden.

FALLBEISPIEL

„Hanna ist jüdisch, die Schlampe"

Hanna ist elf Jahre alt und eine besonders leistungsstarke Schülerin. Da ihr das Lernen leicht fällt und sie sich im Unterricht häufig zu Wort meldet, wirkt sie auf ihre Mitschüler:innen manchmal ein wenig arrogant. Von anderen Kindern wird sie bisweilen in Anspruch genommen, um bei der Erledigung der Hausaufgaben zu helfen, aber echte Freundschaften hat sie in der Klasse nicht. Auch bei den Lehrkräften ist sie wegen ihres großen Ehrgeizes nicht sonderlich beliebt. Einige sind der Meinung, dass der große Leistungsvorsprung des Mädchens andere Kinder entmutigt.

Seit einigen Wochen zieht sich Hanna immer mehr zurück und weigert sich zunehmend, ihr Wissen mit anderen in der Klasse zu teilen. Dies hat heftige Reaktionen zur Folge, insbesondere bei einer Gruppe von Jungen aus arabischstämmigen Familien. Es beginnt mit kleinen Sticheleien, bei denen Hanna als „Streberin" bezeichnet wird, und setzt sich fort mit Beleidigungen und körperlichen Attacken. Mehrfach lauert ihr eine Gruppe von Jungen vor der Schule auf, stellt sich ihr in den Weg und rempelt sie an. Einmal wird sie von einem Jungen sogar angespuckt und bekommt von ihm den Mittelfinger gezeigt. Hanna versucht daraufhin, Begegnungen mit diesen Jungen zu vermeiden, und kommt deshalb einige Male zu spät in die Schule, wofür sie von den Lehrkräften kritisiert wird. An einem Morgen findet sie an ihrem Arbeitsplatz einen Zettel mit den Worten: „Hanna ist jüdisch, die Schlampe." Noch am selben Tag zeigt sie den Zettel ihrer Klassenlehrerin, die darauf mit den Worten reagiert: „Da kann man wohl nichts machen, wir wissen ja nicht einmal, von wem der Zettel stammt."

Wie die Situation verstanden werden kann

Hanna ist sehr begabt und in schulischer Hinsicht besonders leistungsstark. Andere Schüler:innen nutzen ihre Fähigkeiten bei der Erledigung der Hausaufgaben. Zugleich begegnen sie ihrer Mitschülerin mit Misstrauen und empfinden deren Verhalten als arrogant und streberhaft. Hanna ist in der Klassengemeinschaft isoliert und hat keine Freund:innen. Auch ihr Verhältnis zu den Lehrkräften ist angespannt, da einige befürchten, dass der große Leistungsunterschied leistungsschwächere Schüler:innen demotivieren könnte.

Als sich Hanna immer mehr zurückzieht und ihr Wissen anderen nicht mehr zur Verfügung stellt, kommt eine Mobbingspirale in Gang, die sich immer weiter steigert. Vor allem eine Gruppe arabischstämmiger Jungen stichelt gegen sie, lauert ihr in der Nähe der Schule auf, attackiert sie körperlich und vermittelt ihr die Botschaft: Du gehörst nicht zu uns und wirst von uns aus der Klassengemeinschaft ausgestoßen. Ein vorläufiger Höhepunkt der Mobbingaktivitäten ist erreicht, als Hanna an ihrem Platz im Klassenraum einen Zettel ohne erkennbaren Absender vorfindet, auf dem sie – möglicherweise im Zusammenhang mit ihrem im Judentum verbreiteten Vornamen Hanna – als „jüdische Schlampe" beleidigt wird.

Besonders bedrohlich in dem Falleispiel ist, dass Hanna nicht auf die Unterstützung und Solidarität der Lehrkräfte zählen kann. Im Gegenteil, einige Lehrer:innen verbinden mit ihrer Leistungsstärke negative Folgen für andere Schüler:innen. Als Hanna versucht, den ihr auflauernden Jungen auszuweichen, und deshalb einige Male zu spät im Unterricht erscheint, werden die Gründe für ihr Zuspätkommen nicht erkannt und sie wird dafür von den Lehrkräften kritisiert. Schließlich ist die Klassenlehrerin nicht in der Lage, den antisemitischen Gehalt des anonymen Zettels zu erkennen, sich klar gegen die Beleidigungen zu positionieren und Hanna zu schützen. Stattdessen verharmlost sie den Vorfall und gibt dem Mädchen zu verstehen, dass sie sich damit abfinden muss. Mit ihrer Ignoranz und Fehleinschätzung trägt die Klassenlehrerin zur Beschuldigung des Opfers (blaming the victim) und damit zu einer Täter-Opfer-Umkehr bei. Hanna muss sich in dieser Situation hilflos und ungeschützt vorkommen.

Was in diesem Fall getan werden sollte

Es ist zu hoffen, dass Hanna innerhalb und/oder außerhalb der Schule bei verantwortlichen Erwachsenen auf Verständnis und Unterstützung stößt. In erster Linie kommen hierfür die Eltern des Mädchens infrage, aber auch Lehrkräfte oder pädagogische Fachkräfte im Ganztag. Da es in diesem Fall um gravierendes Fehlverhalten einer Lehrkraft geht, sollte die Schulleitung informiert werden.

Mobbing erfordert von den erwachsenen Personen ein schnelles und koordiniertes Handeln, das in enger Abstimmung mit der gemobbten Schülerin und ihren Eltern erfolgen sollte. Bewährt hat sich eine **unterstützend-kooperierende Herangehensweise,** da sie sich als erfolgreicher erwiesen hat als autoritär-strafende Ansätze. Bekannt wurde eine solche lösungsorientierte Intervention, die auf Strafen und Schuldzuweisungen ausdrücklich verzichtet, unter dem Begriff des **No Blame Approach,** der von Robinson und Maines (1997) in England entwickelt wurde.

Mobbing wird bei diesem Ansatz aus einer systemischen Perspektive betrachtet, der zufolge das Verhalten sämtlicher Schüler:innen durch das Zusammenspiel aller Mitglieder im System entsteht. Der Ansatz vertraut auf die Ressourcen und Fähigkeiten von Kindern und Jugendlichen (Blum & Beck 2019) und zeichnet sich durch eine klare Struktur aus. Die Herangehensweise erfolgt in drei zeitlich aufeinander abgestimmten Schritten (www.no-blame-approach.de/):

Gespräch mit Mobbing-Betroffenem (Schritt 1): Der erste Schritt besteht in einem Gespräch mit dem von Mobbing betroffenen Kind. Ziel des Gesprächs ist es, Vertrauen und Zustimmung des Kindes für die geplante Vorgehensweise zu gewinnen und Zuversicht zu vermitteln, dass sich die schwierige Situation beenden lässt.

Insistierendes Nachfragen wird vermieden und das gemobbte Kind wird nicht nach den Details des Mobbings befragt. In dem Gespräch muss allerdings deutlich werden, welche Kinder zur schwierigen Situation beitragen, um konsequent gegen das Mobbing vorgehen zu können.

Gespräch mit einer Unterstützungsgruppe (Schritt 2): Im zweiten Schritt wird eine Unterstützungsgruppe gebildet. Diese Gruppe ist als Helfer:innengruppe für die Fachkräfte im Ganztag zu verstehen, in deren Verantwortung die Auflösung des Mobbings liegt.

Zu diesem Zweck lädt die Fachkraft einige Kinder zu einem gemeinsamen Treffen ein. Einbezogen werden dabei die Hauptakteur:innen des Mobbings, Mitläufer:innen sowie Kinder, die bisher keine aktive Rolle beim Mobbing spielten, allerdings eine konstruktive Rolle bei der Lösung der problematischen Situation einnehmen können. Zusammen bilden diese Kinder eine Unterstützungsgruppe. Optimal ist dafür eine Gruppe von sechs bis acht Kindern.

Die wichtigste Frage in dem Gespräch mit der Unterstützungsgruppe lautet: „Was können wir tun, damit es dem gemobbten Kind sofort wieder besser geht?" Es geht um eine konsequente Lösungsorientierung, damit das Mobbing sofort aufhört. Dadurch müssen sich die Mobber:innen nicht rechtfertigen und es ermöglicht ihnen gegebenenfalls eine Wiedergutmachung bzw. das Einüben prosozialer Verhaltensweisen.

Nachgespräche mit den einzelnen Kindern (Schritt 3): Etwa ein bis zwei Wochen später bespricht die Fachkraft mit jedem Kind einzeln – darunter auch mit der von dem Mobbing betroffenen Person –, wie sich die Situation in der Zwischenzeit entwickelt hat. Dieser dritte Schritt sorgt für Verbindlichkeit und verhindert, dass diejenigen, die gemobbt haben, ihre Handlungen wieder aufnehmen. Einzelgespräche nehmen die Kinder direkt in die Verantwortung und stärken die Nachhaltigkeit.

Mobbing ernst nehmen und aktiv bekämpfen

- Mobbing ist eine Form psychischer Gewalt, bei der es um soziale Ausgrenzung geht.
- Ein von Mobbing betroffenes Kind ist zumeist nicht in der Lage, sich aus eigener Kraft aus der Mobbingsituation zu befreien.
- Mobbing darf nicht toleriert werden und erfordert ein schnelles und koordiniertes Handeln.
- Unterstützend-kooperierende Ansätze wie der No Blame Approach, der auf Strafen und Schuldzuweisungen verzichtet, sind erfolgreicher als autoritär-strafende Ansätze.
- Das schrittweise Vorgehen sollte in enger Abstimmung mit dem gemobbten Kind und seinen Eltern erfolgen.

- Es wird eine Unterstützungsgruppe gebildet, die konstruktive Vorschläge erarbeitet.
- Wichtig ist eine konsequente Lösungsorientierung, damit das Mobbing sofort aufhört.

5.6 Sexuelle Übergriffe unter Kindern

Zu einer kinderrechtsbasierten Pädagogik gehört, Kindern zu vermitteln, die Rechte anderer Menschen zu achten. Kein Kind hat das Recht, auf Kosten eines anderen Kindes zu handeln und dessen Rechte zu verletzen. Körperliche und seelische Gewalt sowie sexuelle Übergriffe unter Kindern dürfen nicht geduldet oder gar gefördert werden. Wenn Übergriffe unter Kindern von den Fachkräften im Ganztag ignoriert werden und keine Reaktion erfolgt, dann ist dies selbst eine Form der Gewalt durch Unterlassen seitens der verantwortlichen Erwachsenen.

Kinder, die andere unter Druck setzen, einschüchtern oder zu etwas zwingen, was diese nicht wollen, müssen frühzeitig klare Grenzen gesetzt bekommen: zum Schutz der anderen Kinder, aber auch zu ihrem eigenen Schutz. Sowohl diejenigen Kinder, die Opfer von Übergriffen geworden sind, als auch das übergriffige Kind selbst benötigen anschließend Hilfe bei der Bewältigung ihrer Probleme. In vielen Fällen ist dafür die Mitwirkung der Eltern erforderlich, manchmal auch die Zusammenarbeit mit anderen sozialpädagogischen oder medizinischen Diensten und Einrichtungen.

FALLBEISPIEL

Ede filmt einen anderen Jungen beim Toilettengang

Ede ist zehn Jahre alt und ein großer, kräftiger Junge, vor dem sich einige Kinder fürchten. Gerne kommandiert er herum und verteilt kleine, aber schmerzhafte Schläge, wenn andere Kinder nicht das tun, was er will. Er gehört zu denjenigen Schüler:innen, die bereits ein Smartphone besitzen, das er ausführlich nutzt. Kürzlich hat er auf dem Schulhof zwei jüngeren Jungen einen auf YouPorn eingestellten Pornofilm gezeigt, verbunden mit der Ansage, niemandem davon zu erzählen. Wenige Tage später hält er sein Smartphone über die Toilettenabtrennung und filmt einen der beiden Jungen beim Toilettengang, ohne dass dieser etwas bemerkt. Noch am selben Nachmittag zeigt er ihm das Video und droht damit, es an andere Schüler:innen weiterzuleiten. Dann sagt er zu ihm: „Wenn du das nicht willst, kannst du mir ja die Hälfte deines Taschengeldes geben. Dann verspreche ich dir, das Video zu löschen." In seiner Verzweiflung gibt der andere Junge Ede ein Zwei-Euro-Stück, der daraufhin auf die Löschtaste drückt. Am Abend berichtet der Junge, der Opfer des Übergriffs geworden ist, seiner Mutter von der Erpressung. Erst nach hartnäckigem Nachfragen bekommt die Mutter von ihrem Sohn den gesamten Ablauf erzählt.

Wie die Situation verstanden werden kann

In dem geschilderten Fall geht es um einen zehnjährigen Jungen, der seine körperliche Überlegenheit ausnutzt, um über andere Kinder zu bestimmen und seine Vorstellungen mit Gewalt durchzusetzen. Dies hat dazu geführt, dass einige Kinder Angst vor ihm haben. Nun ist es zusätzlich zu sexualisierten Übergriffen und Erpressung seitens des Jungen gekommen. Auf dem Schulhof hat er zwei jüngeren Jungen einen altersunangemessenen Pornofilm gezeigt und diese zur Geheimhaltung verpflichtet. Daraufhin filmt er einen der beiden Jungen in einer intimen Situation beim Toilettengang und verletzt damit massiv dessen Privatsphäre. Er zeigt dem Jungen das Video und droht damit, es anderen Kindern weiterzuleiten und ihn damit zu beschämen. Schließlich bietet er dem stark verängstigten Jungen in erpresserischer Weise an, den Clip gegen Zahlung eines Geldbetrags zu löschen, worauf der verzweifelte Junge eingeht. Das Opfer des Übergriffs berichtet seiner Mutter von der Erpressung, auf deren drängende Nachfrage er ihr den gesamten Vorfall schildert.

Was in diesem Fall getan werden sollte

Kinder müssen sich ebenso wie Eltern jederzeit an eine Fachkraft ihres Vertrauens im Ganztag wenden können. Möglicherweise hat der Junge Angst, seine Beschwerde zu äußern, entweder weil ihm die Situation peinlich ist oder er fälschlicherweise davon ausgeht, dass eine solche Meldung mit Petzen gleichzusetzen wäre. Sollte dies in dem geschilderten Fall zutreffen, kommt der Mutter eine hohe Verantwortung zu. Es ist zu hoffen, dass sie den Ernst der Lage erkennt und sich an eine Fachkraft im Ganztag wendet, aus Sorge um ihren Sohn, aber auch mit Blick auf möglicherweise weitere von Übergriffen betroffene Kinder.

Bei sexuellen Übergriffen handelt es sich um massive Grenzverletzungen, bei denen Kinder gezielt und nicht selten wiederholt zu sexuellen Handlungen überredet oder verführt, mit Drohungen oder körperlicher Gewalt dazu gezwungen oder in ihrer Privatsphäre verletzt werden. Soweit es sich um strafunmündige Kinder handelt, sollte in solchen Fällen nicht von „sexuellem Missbrauch" und auch nicht von „Täter:innen", sondern von „sexuellen Übergriffen" und von „sexuell übergriffigen Kindern" gesprochen werden. Der Begriff des Opfers für diejenigen Kinder, die einen sexuellen Übergriff erleiden mussten, ist demgegenüber durchaus angebracht, da er unabhängig von Schuldfragen (vgl. den Begriff „Unfallopfer") verwendet wird.

Übergriffe unter Kindern erfordern ein schnelles, angemessenes und fachlich kompetentes Eingreifen der pädagogischen Fachkräfte. Wegsehen, banalisieren oder eine falsch verstandene Lockerheit im Umgang mit Grenzverletzungen verunsichern und überfordern die Kinder, vernachlässigen ihre berechtigten Schutzbedürfnisse und können dazu führen, dass sich die Übergriffe wiederholen oder sogar verschlimmern.

Sobald eine Fachkraft im Ganztag von den Vorfällen erfährt, ist überlegtes und koordiniertes Handeln erforderlich. Die Fachkräfte sollten der Mutter versichern, dass sie den Vorfall sehr ernst nehmen und dafür sorgen werden, dass sich solche Situationen nicht wiederholen. Zeitnah sollten Gespräche mit den einzelnen Kindern – zunächst mit den Jungen, die Opfer von Übergriffen geworden sind, anschließend mit dem übergriffigen Kind – stattfinden, in denen den Kindern deutlich gemacht wird, dass der Ganztag zukünftig besser darauf achten wird, dass keinerlei Übergriffe unter Kindern stattfinden und kein Kind erpresst werden darf. Allen Kindern sollte deutlich gemacht werden, dass es in Ordnung ist, wenn sie sich in Notsituationen an ihre Eltern und/oder an eine Fachkraft wenden. Es muss auch geprüft werden, ob Regeln verschärft oder stärker kontrolliert werden müssen, zum Beispiel ein Handyverbot im Toilettenbereich.

Anschließend sollten Einzelgespräche mit den Eltern der betroffenen Jungen geführt werden, in denen erörtert wird, ob weitergehende Hilfen erforderlich sind.

Sexuelle Übergriffe unter Kindern nicht zulassen

- Kein Kind hat das Recht, auf Kosten eines anderen Kindes zu handeln und dessen Rechte zu verletzen.
- Körperliche und seelische Gewalt sowie sexuelle Übergriffe unter Kindern dürfen nicht geduldet oder begünstigt werden. Wenn nach Übergriffen unter Kindern keine Reaktion erfolgt, ist dies eine Form der Gewalt durch Unterlassen seitens der verantwortlichen Erwachsenen.

- Kinder, die andere unter Druck setzen oder zu etwas zwingen, was diese nicht wollen, müssen frühzeitig klare Grenzen gesetzt bekommen.
- Sowohl diejenigen Kinder, die Opfer von Übergriffen geworden sind, als auch das übergriffe Kind benötigen Hilfe bei der Bewältigung ihrer Probleme.
- Der Ganztag sollte Leitlinien für den Umgang mit (sexuellen) Übergriffen unter Kindern erarbeiten, am besten im Rahmen eines sexualpädagogischen Gesamtkonzepts. Diese Leitlinien sollten sich gleichermaßen auf Prävention und Intervention bei sexualisierter Gewalt beziehen.

5.7 Prävention von Gewalt

Prävention wirkt, hat aber auch Grenzen. Wenn es um die Prävention von Gewalt gegen Kinder im Ganztag geht, begrenzen vor allem zwei Faktoren die Wirkung vorbeugender Maßnahmen. Der erste Faktor hat mit der Vielschichtigkeit des Gewaltgeschehens zu tun, welches vorbeugend verhindert werden soll. Zwar erscheint uns bei Kenntnis der wichtigsten Umstände eines Falles die Entwicklung bis hin zur Gewalt gegen ein Kind im Rückblick – in der Retrospektive – nachvollziehbar, ja beinahe zwangsläufig. Umgekehrt gilt jedoch, dass wir trotz unseres Wissens um vorhandene Risikofaktoren keineswegs sicher voraussagen können, ob, wann und inwieweit sich die mit Risiken belasteten Konstellationen tatsächlich zur Gewalt gegen ein Kind verdichten. Die Komplexität von Wirkungsfaktoren und die Offenheit menschlichen Handelns lassen eine sichere Vorausschau (Prospektive) im Bereich menschlicher Beziehungen prinzipiell nicht zu.

Ein zweites Hindernis bei dem Bemühen, mögliche Schäden präventiv zu verhindern, hängt mit einem Dilemma konkurrierender Grundorientierungen zusammen. Gemeint ist das Verhältnis von Freiheit und Sicherheit. Je mehr Sicherheit – das heißt, Kontrolle von Handlungen und Unterlassungen –, desto weniger Freiheit bleibt bestehen. Selbstverständlich ist ein bestimmtes Maß an Kontrolle erforderlich. Gerade im Bereich des Kinderschutzes, wo es um die Rechte junger Menschen geht, die sich nicht selbst ausreichend vertreten können, ist das frühe Aufspüren von Risiken unabdingbar. Zugleich aber muss diese Kontrolle an klare Grenzen gebunden bleiben, die sich aus den Freiheitsrechten der Fachkräfte ergeben. Denn absolute Kontrolle erfordert eine lückenlose Überwachung der Mitarbeiter:innen, die wiederum selbst Gewalt darstellt und jene Akte des Widerstands provoziert, die sie zu bekämpfen vorgibt.

Diese Zusammenhänge zwischen Chancen und Grenzen von Prävention gelten auch für das Vorhaben, Fehlverhalten und Gewalt im Ganztag nach Möglichkeit vorbeugend zu verhindern. Viel Unheil kann durch ein achtsames Miteinander und die kluge Steuerung der Prozesse im Alltag erspart werden. Aber auch die beste Prävention ist nicht in der Lage, Gewalt im Ganztag völlig auszuschließen. Gewaltfreiheit ist immer nur annäherungsweise möglich, und vorbeugende Maßnahmen spielen bei dem Bestreben, professionelles Fehlverhalten immer weiter zurückzudrängen, eine entscheidende Rolle.

Präventive Maßnahmen sollten sich gleichermaßen auf die Kinder, die (Weiter-)Entwicklung der pädagogischen Fachkräfte, die Zusammenarbeit im Team und die Organisation des Ganztags beziehen. Das Ziel aller Präventionsmaßnahmen besteht darin, in sämtlichen Bereichen der Einrichtung eine Kultur des Respekts einzuführen und nachhaltig zu fördern, bei der die Grenzen aller Beteiligten geachtet und ihre Rechte verwirklicht werden.

Präventive Angebote für die Kinder

Selbstbewusste Kinder, die sich wertgeschätzt fühlen und im Alltag die Erfahrung machen, dass ihre Vorstellungen Gewicht haben, sind besser vor Gefahren geschützt. Sie sind stärker als andere in der Lage, ihre persönlichen Grenzen einzufordern und bei Bedarf Hilfe zu holen. Die Persönlichkeit der Kinder zur Entfaltung zu bringen, ist daher nicht nur ein zentrales Bildungsziel gemäß Artikel 29 Absatz 1 der UN-Kinderrechtskonvention, sondern auch ein wichtiger Beitrag zur Gewaltprävention.

Die Individualität jedes Kindes zu achten sowie Eigenaktivität und Selbstbestimmung der Kinder zu fördern, ist ein unverzichtbarer Bestandteil guter Ganztagspädagogik. Zu den zu fördernden emotionalen und sozialen Kompetenzen gehören vor allem das Wissen der Kinder über Gefühle (Emotionswissen), ihre Fähigkeit, Gefühle auszudrücken und zu regulieren (Emotionsausdruck und Emotionsregulation), sowie die Kompetenz der Kinder, sich in einer Gruppe zu behaupten, mit anderen Kindern zu kooperieren und mit Konflikten angemessen und gewaltfrei umzugehen. Die sozialen und emotionalen Erfahrungen im Ganztag beeinflussen die Persönlichkeitsbildung der Kinder. „Inwieweit sich Kinder als aktive Mitglieder einer Gemeinschaft erleben können, die für die Rechte des Einzelnen eintritt und Mitgestaltung ermöglicht, aber auch Grenzen und Regeln markiert und diese erklärt, hat großen Einfluss auf die moralische Entwicklung und auf die politische Sozialisation des Kindes" (Maywald 2012, S. 126).

Wichtig ist vor allem, dass Kinder sich im Alltag beteiligen können, denn Partizipation ist ein wichtiger Schutzfaktor. Die Kinder müssen erleben, dass ihre Erfahrungen von Bedeutung sind und ihre Sicht der Dinge ernst genommen wird. Der Ganztag sollte daher eine Gesprächs- und Beteiligungskultur etablieren, die gewährleistet, dass die Kinder an allen sie betreffenden Entscheidungen altersgerecht beteiligt sind. Strukturierte Kinderversammlungen, bei denen jedes Kind seine Sichtweise äußern kann, gehören ebenso dazu wie das gemeinsame Erarbeiten von Regeln für den Umgang mit Konflikten sowie Beteiligungsprojekte zu bestimmten Themen.

(Weiter-)Entwicklung der pädagogischen Fachkräfte

Ein zweites Element der Prävention von Gewalt gegen Kinder im Ganztag ist die Förderung der beruflichen Weiterentwicklung der pädagogischen Fachkräfte. Hierzu gehören sowohl der Erwerb bzw. die Auffrischung von Fachwissen und Handlungskompetenzen durch den Besuch von Fort- und Weiterbildungen als auch die Entwicklung personaler Kompetenzen durch Selbstreflexion und professionellen Austausch, bei Bedarf unterstützt durch die Inanspruchnahme von Supervision.

Besonders wichtig ist die Reflexion der eigenen Lebensgeschichte hinsichtlich Gewalt. Ebenso wie andere Menschen haben pädagogische Fachkräfte üblicherweise in ihrem Leben bereits Erfahrungen mit Gewalt gemacht und diese jeweils unterschiedlich verarbeitet. Damit ist nicht gemeint, dass jede Fachkraft selbst schon einmal Opfer oder Täter:in gewesen sein muss. Auch miterlebte Gewalt im näheren oder entfernten Umfeld, Berichte über Gewalt in den Medien und das Sprechen über Gewalt mit anderen Menschen gehören im weiteren Sinne zu diesen Erfahrungen und beeinflussen die eigenen Haltungen und Werturteile.

Eine bewusste Reflexion der (mit-)erlebten Gewalt und ihrer Verarbeitung fördert den professionellen Umgang mit Kindern und beugt Fehlverhalten und Gewalt vor. Auf diese Weise können Vorurteile wahrgenommen und blinde Flecken erkannt werden. Wer sich mit seinen eigenen biografischen Erfahrungen auseinandersetzt, ist besser in der Lage, auch in schwierigen Situationen die Übersicht zu behalten und nicht von spontanen, häufig unbewussten Reaktionsmustern überrascht zu werden.

Sofern pädagogische Fachkräfte selbst Opfer bzw. Täter:in von Gewalt gewesen sind und diese Erlebnisse (noch) nicht ausreichend bewältigt haben, bestehen besondere Risiken im professionellen Alltag sowie im Umgang mit eigenem und dem Fehlverhalten anderer Fachkräfte. Diese Risiken wahrzunehmen und die eigene Befangenheit anzuerkennen, ist Ausdruck professionellen Verhaltens. Gegebenenfalls sollte in einem solchen Fall Unterstützung in Anspruch genommen werden.

Förderung der Zusammenarbeit im Team

Ein dritter präventiver Baustein betrifft die Zusammenarbeit im Team. Um eine Kultur des Hinsehens und der offenen Ansprache zu etablieren, braucht es ein wertschätzendes Miteinander und die Bereitschaft zur gemeinsamen Reflexion. Wichtig sind auch ein achtsamer und partizipativer Führungsstil sowie die selbstverständliche Solidarität, einer/m Kolleg:in bei Schwierigkeiten beizustehen und die Fachkräfte im Falle (drohender) Überforderung zu entlasten.

Um schwierige bzw. unklare Situationen anzusprechen und heikle Themen zu enttabuisieren, sind – neben einer kollegialen Haltung im Alltag – vor allem geschützte Reflexionsräume notwendig. Hierfür bieten sich Teamberatungen an, in denen Fallgespräche und die Erarbeitung einer gemeinsamen Position zu grundlegenden Fragen des pädagogischen Alltags einen festen Platz mit ausreichend Zeit einnehmen sollten.

In Fallgesprächen können herausfordernde Situationen mit Bezug zu bestimmten Kindern, Gruppen von Kindern und/oder Eltern besprochen werden. Sinnvoll sind ritualisierte Abläufe, bei denen in einem ersten Schritt die verfügbaren Informationen zusammengetragen werden. Der zweite Schritt besteht darin, Versuche des Verstehens zu unternehmen: Warum verhält sich ein Kind auf diese Weise? Welche Reaktionen bei den pädagogischen Fachkräften werden dadurch ausgelöst? Welche typischen Verhaltensmuster sind festzustellen? Methodisch bewährt haben sich hierbei Perspektivenwechsel (wie könnte sich die Situation aus der Perspektive anderer Beteiligter darstellen?) und Empathie-Übungen (was würde ein Kind in einer bestimmten Situation sagen, wenn es seine Befindlichkeit in Worte fassen könnte?). Im dritten Schritt geht es dann darum, mögliche Handlungsoptionen zu erörtern und hinsichtlich ihrer Realisierbarkeit zu überprüfen.

Neben fallbezogener Reflexion sollte in Teamgesprächen regelmäßig auch die Diskussion grundlegender Fragen des pädagogischen Alltags auf der Agenda stehen. Sinnvoll ist vor allem die Erörterung wiederkehrender pädagogischer Schlüsselsituationen (vgl. Maywald 2016, S. 43ff.): von der Begrüßung der Kinder im Ganztag über die Gestaltung der über den Tag verteilten Spiel- und Aktivitätszeiten, Zeiten für Hausarbeiten, Mahlzeiten und Ruhepausen bis hin zur Verabschiedung der Kinder. Darauf aufbauend können an den Bedürfnissen und Rechten der Kinder orientierte, schriftlich fixierte Verhaltensstandards erarbeitet werden. Diese bieten allen Fachkräften Handlungssicherheit und dienen als Orientierung bei auftretenden Fragen und Konflikten.

Entwicklung des Ganztags als Organisation

Schließlich trägt es zur Prävention von professionellem Fehlverhalten bei, wenn der Ganztag als Organisation fachlich gut aufgestellt ist und sich beständig weiterentwickelt. Als wichtige Bausteine fungieren hier die Verwirklichung des Kinderrechtsansatzes im Ganztag, die Erarbeitung und Umsetzung der verschiedenen Elemente eines Schutzkonzepts, das Angebot von Menschen- und Kinderrechtsbildung sowie die Orientierung an einer Ethik pädagogischer Beziehungen (siehe Kapitel 6). Insgesamt geht es darum, den Schutz der Rechte der Kinder in der Einrichtung als festen Bestandteil der Organisationskultur zu etablieren.

Prävention von Fehlverhalten und Gewalt im Ganztag
Präventive Angebote für die Kinder
(Weiter-)Entwicklung der pädagogischen Fachkräfte
Förderung der Zusammenarbeit im Team
Entwicklung des Ganztags als Organisation

5.8 Professioneller Umgang mit Gewalt durch Fachkräfte

Damit sich Fehlverhalten und Gewalt durch Fachkräfte nicht wiederholen oder sogar verfestigen, sollte jedes unprofessionelle Verhalten Konsequenzen haben (vgl. Maywald 2022, S. 93ff.). Nur wenn Gewalt gegen Kinder im Ganztag nicht folgenlos bleibt, können die Beteiligten aus Fehlern lernen, Verhaltensweisen und Regeln ändern und Unterstützung erhalten. Welche Konsequenzen notwendig sind, hängt von der Art und Intensität des Fehlverhaltens ab. Auch spielt eine Rolle, ob es sich um ein einmaliges oder um wiederholtes unprofessionelles Verhalten handelt. Die Reaktionen können je nach Lage des Falls von einem kollegialen Gespräch und der Beratung im Team, über Gespräche mit der Leitung und den Eltern bis hin zu einer Meldung an die Aufsichtsbehörden sowie arbeits- und strafrechtlichen Konsequenzen reichen.

Kollegiales Gespräch

In der Regel empfiehlt es sich für Fachkräfte, die bei sich selbst oder bei einer/m Kolleg:in Fehlverhalten bemerken, so schnell wie möglich das offene kollegiale Gespräch zu suchen. Hierbei ist darauf zu achten, dass ein solches Gespräch in einer ruhigen und geschützten Umgebung stattfindet und weder die Kinder noch die Eltern etwas davon mitbekommen. Das ermöglicht in vielen Fällen, schnell zu reagieren, eventuell entstandenen Schaden – zum Beispiel in Form einer Entschädigung und/oder Entschuldigung – wiedergutzumachen, die Ursachen für Fehlverhalten zu erkennen und Unterstützung zu suchen, um weiteres Fehlverhalten zu verhindern.

Für den Erfolg eines kollegialen Gesprächs ist es wichtig, das Fehlverhalten klar zu benennen, ohne dabei die betroffene Person anzugreifen. Weder eine vorschnelle Entschuldigung des Verhaltens noch die Abwertung der betroffenen Fachkraft sind für ein solches Gespräch unter Fachkräften hilfreich. Vielmehr braucht es dafür eine Kultur der Achtsamkeit sowie eine richtig verstandene Solidarität, die Verständnis für Überforderungen zeigt, Unterstützung anbietet und einen Weg aus unprofessionellem Verhalten und Gewalt weist.

Ablauf des kollegialen Gesprächs

(1) Wie habe ich die Situation wahrgenommen? Wie hast du die Situation wahrgenommen?
(2) Warum kam es zur Situation/zum Fehlverhalten?
(3) Was muss getan werden, damit der entstandene Schaden wiedergutgemacht wird?
(4) Wie können derartige Situationen zukünftig vermieden werden?
(5) Nach einiger Zeit: Haben sich die vorgenommenen Veränderungen bewahrt?

Beratung im Team

In zahlreichen Fällen sollte individuelles Fehlverhalten zum Anlass genommen werden, im Team über die dem Verhalten zugrunde liegende Situation – insbesondere die Gestaltung von Schlüsselsituationen wie Mahlzeiten, freie Spielsituationen oder Unterstützung bei den Hausarbeiten – zu sprechen. Dies gilt besonders dann, wenn Unsicherheiten hinsichtlich bestehender Regeln bestehen oder wenn Fehlverhalten durch strukturelle Bedingungen wie schlechte Ausstattung oder fehlendes Personal begünstigt wird.

Aufgabe der Beratung im Team ist es dann, sich unabhängig von dem individuellen Fehlverhalten auf kinderrechtsbasierte Regeln für Kinder, Eltern und Fachkräfte zu verständigen sowie Möglichkeiten wechselseitiger Entlastung in Krisensituationen zu erörtern. Außerdem sollten eventuell vorhandene strukturelle Unzulänglichkeiten festgestellt werden, um gegenüber der Leitung bzw. dem Träger der Einrichtung auf Abhilfe zu drängen.

Gespräch mit der Leitung

Häufig ist bei Fehlverhalten oder Gewalt durch Fachkräfte ein Gespräch mit der Leitung erforderlich. Die Leitung sollte immer dann einbezogen werden, wenn über das einzelne Kind oder die Kindergruppe hinausgehende Reaktionen nötig sind, wenn also zum Beispiel Eltern informiert werden müssen, dass ihrem Kind etwas angetan wurde, wofür der Ganztag Verantwortung übernehmen muss. Auch in den Fällen, in denen eine dem Fehlverhalten zugrunde liegende Situation Anlass für ein Gespräch im Team ist, sollte die Leitung frühzeitig in Kenntnis gesetzt werden. Selbstverständlich muss die Einrichtungsleitung auch immer dann einbezogen werden, wenn die Schwelle einer Beeinträchtigung des Kindeswohls überschritten wurde und gemäß Paragraf 47 SGB VIII eine Meldepflicht gegenüber den Aufsichtsbehörden besteht oder sogar arbeits- bzw. strafrechtliche Konsequenzen in Betracht gezogen werden müssen.

Im Zweifelsfall sollte die Leitung besser früher als später informiert werden. Dies gilt besonders in den Fällen, in denen sich eine Fachkraft nicht sicher ist, ob ein kollegiales Gespräch ausreicht, um das Fehlverhalten zu beenden. Bei der Entscheidung, die Leitung einzubeziehen, muss auch bedacht werden, dass ein zu langes Abwarten dazu führen kann, dass bei fortgesetztem Fehlverhalten eine Mitschuld durch Unterlassen einer notwendigen Informationsweitergabe entstehen kann. Auch hier gilt, dass eine falsch verstandene kollegiale Solidarität nicht selten zu einer Negativspirale führt, welche die Sache noch schlimmer macht.

Zu den Aufgaben der Leitung gehört es in erster Linie, dafür Sorge zu tragen, dass das Fehlverhalten beendet wird. Eine zweite Aufgabe besteht darin, auf die notwendigen Konsequenzen – Wiedergutmachung bzw. Entschuldigung gegenüber dem Kind, Information der Eltern etc. – zu achten und sich darüber zu vergewissern, dass diese Aufgaben tatsächlich wahrgenommen werden, bei Bedarf von ihr selbst. Schließlich gehört es zu ihren Aufgaben, die Bedingungen in der Einrichtung so zu verändern, dass das Risiko erneuten Fehlverhaltens minimiert wird.

Die Instrumente, die der Leitung zur Erfüllung dieser Aufgaben zur Verfügung stehen, sind vielfältig. Methoden der Mitarbeiter:innenführung und Mitarbeiter:innenfürsorge (Mitarbeiter:innengespräche, Teamgespräche, Angebote fachlicher Unterstützung, arbeitsrechtliche Maßnahmen) gehören ebenso dazu wie die Wahrnehmung ihrer leitenden Rolle gegenüber Kindern und Eltern sowie die Vertretung des Ganztags nach außen, gegenüber dem Träger und weiteren Institutionen. Sowohl Handlungen, die sich auf einzelne Personen beziehen, als auch Maßnahmen, die strukturelle Veränderungen zum Ziel haben (von räumlichen und personellen Änderungen bis zu einer eventuellen Überlastungsanzeige gegenüber dem Träger) fallen hier darunter.

Gespräch mit den Eltern

Wenn Fehlverhalten und Gewalt durch pädagogische Fachkräfte bei einem Kind zu seelischen und/oder körperlichen Verletzungen geführt haben, die über eine kurzfristige Irritation hinausreichen, müssen die Eltern über das Geschehen informiert werden. Ein solches extra anberaumtes, anlassbezogenes Elterngespräch sollte zeitnah erfolgen und wenn möglich mit beiden sorgeberechtigten Eltern stattfinden. Außerdem sollte wegen der großen Bedeutung des Gesprächs neben der für das Kind verantwortlichen pädagogischen Fachkraft eine Leitungsperson an dem Gespräch teilnehmen.

Der Leitungsperson kommt die Aufgabe zu, das Gespräch zu moderieren und die Ergebnisse zusammenfassen. Zu Beginn sollte die für das Kind verantwortliche Fachkraft das Fehlverhalten und die damit für das Kind verbundenen negativen Folgen sachlich und konkret benennen. Dabei geht es auch darum – als beteiligte Fachkraft, aber auch insgesamt als Einrichtung –, Verantwortung für das Geschehen zu übernehmen und die kritischen Fragen und den Ärger der Eltern auszuhalten. Den Eltern gegenüber sollte im Namen der gesamten Einrichtung und des Trägers eine Entschuldigung ausgesprochen werden. Besonders wichtig ist es, den Eltern detailliert darzulegen, welche Konsequenzen aus dem Vorfall gezogen wurden (und welche noch folgen), um eine Wiederholung des Vorfalls unbedingt zu vermeiden.

Nur durch diese Transparenz kann verloren gegangenes Vertrauen wiederhergestellt werden. Bei Bedarf sollte zudem erörtert werden, welche Verarbeitungshilfen das Kind und die Eltern möglicherweise benötigen und wo diese Hilfen zur Verfügung stehen. Auch kann der Hinweis folgen, dass die eventuell auf die gesamte Einrichtung bezogenen Konsequenzen und konzeptuellen Weiterentwicklungen der gesamten Elternschaft mitgeteilt werden. Bei sämtlichen Gesprächen gilt zu beachten, dass die Persönlichkeitsrechte der betroffenen Kinder, Eltern und Fachkräfte nicht verletzt werden.

Checkliste zum Gespräch mit den Eltern

- Mit den Sorgeberechtigten wird zeitnah ein Gesprächstermin vereinbart, an dem die Leitungskraft und die für das Kind verantwortliche Fachkraft anwesend sind.
- Sachliche Schilderung des Vorfalls und Benennen des Fehlverhaltens: Was ist wann und wie geschehen? Welches Fehlverhalten liegt genau vor?
- Die Eltern erhalten eine Entschuldigung im Namen der gesamten Einrichtung und des Trägers.
- Was wurde bereits getan und was wird noch getan, um Fehlverhalten zukünftig zu vermeiden?
- Wo finden Eltern und Kind Hilfen, um den Vorfall gegebenenfalls zu verarbeiten?
- Wie und in welchem Umfang werden die anderen Eltern informiert (Persönlichkeitsrechte beachten)?

Externe Unterstützung

In manchen Fällen, wenn nämlich die internen Möglichkeiten des Ganztags nicht ausreichen und das Team und die Leitung überfordert sind, bietet sich die Inanspruchnahme externer Unterstützung an. Dies betrifft auch Situationen, in denen der Leitung Fehlverhalten vorgeworfen wird und sie deshalb nicht in der Lage ist, mit der nötigen professionellen Distanz zu handeln. Nicht zuletzt kann externe Unterstützung bei Fällen schweren Fehlverhaltens oder massiver Gewalt durch Fachkräfte hilfreich und notwendig sein.

Externe Beratung und Unterstützung können vom Träger gestellt oder vom Jugendamt bzw. Landesjugendamt angeboten werden. Weitere externe Unterstützung gibt es in Form von Einzel- oder Gruppensupervision sowie Coaching-Angeboten, die sich zum Beispiel an Führungskräfte im Ganztag richten. In Fällen sexualisierter Gewalt durch pädagogische Fachkräfte kann die Inanspruchnahme einer Fachberatungsstelle gegen sexuellen Missbrauch sinnvoll sein. Bundesweite Informationen zu diesen spezialisierten Fachberatungsstellen bietet die „Bundeskoordinierung Spezialisierter Fachberatung gegen sexualisierte Gewalt in Kindheit und Jugend (BKSF)“ in Berlin an (www.bundeskoordinierung.de).

Meldung an die Aufsichtsbehörden

Gemäß Paragraf 47 SGB VIII sind Träger von Einrichtungen der Kinder- und Jugendhilfe verpflichtet, „Ereignisse oder Entwicklungen, die geeignet sind, das Wohl der Kinder (...) zu beeinträchtigen" umgehend der zuständigen Aufsichtsbehörde (Landesjugendamt) zu melden. Auf welche Weise eine solche schriftliche Meldung zu erfolgen hat, ist den Handlungsleitlinien der Bundesarbeitsgemeinschaft Landesjugendämter zu entnehmen (vgl. Bundesarbeitsgemeinschaft Landesjugendämter 2013). Es ist zu empfehlen, dass eine Meldung die folgenden Angaben enthält:

Handlungsleitlinien für eine Meldung an das Landesjugendamt gemäß § 47 SGB VIII

(1) Erstmeldung (per Telefon, Fax oder E-Mail)
- Was ist vorgefallen? Wann? Wo? Wer war beteiligt?
- Welche Maßnahmen wurden sofort eingeleitet (Abwehr von Gefahren)?

(2) Stellungnahme (zeitnah, ausführlich und schriftlich)
- Personal mit Namen und beruflicher Qualifikation (laut Dienstplan, tatsächlich anwesend, am Vorfall beteiligt)
- Weitere am Vorfall Beteiligte und Beobachtende
- Maßnahmen, die (durch Personal, Träger) sofort ergriffen wurden
- Andere mit der Bearbeitung befasste Institutionen
- Information des Trägers und der Sorgeberechtigten
- Erforderliche ärztliche Untersuchungen bzw. Behandlungen
- Pädagogische und gegebenenfalls therapeutische Bearbeitung des Ereignisses mit den Kindern

(3) Weitere Verfahrensschritte
- Maßnahmen, die der Träger unmittelbar nach Kenntnisnahme ergriffen hat und noch ergreifen wird
- Überlegungen zur Prävention: konzeptionelle und/oder strukturelle Änderungen
- Notwendigkeit einer strafrechtlichen Prüfung bzw. Anzeige
- Arbeits- und dienstrechtliche Maßnahmen

Arbeitsrechtliche Konsequenzen

In schweren Fällen von Fehlverhalten und Gewalt durch Fachkräfte sind häufig arbeitsrechtliche und manchmal auch strafrechtliche Konsequenzen unausweichlich. Aufgrund des Prinzips der Verhältnismäßigkeit sollten diese Maßnahmen nur dann ergriffen werden, wenn mildere Mittel wie zum Beispiel ein Mitarbeiter:innengespräch oder eine Fortbildungsmaßnahme erfolglos geblieben sind oder wegen des Schweregrads eines Fehlverhaltens nicht infrage kommen. In jedem Fall stellen arbeits- und strafrechtliche Konsequenzen das letzte Mittel (Ultima Ratio) dar, um Kinder nachhaltig zu schützen und (weiteren) Schaden von der Einrichtung abzuwenden.

Da arbeitsrechtliche Konsequenzen die Rolle des Trägers als Arbeitgeber berühren, sollten Disziplinargespräche unter Beteiligung einer Vertreterin bzw. eines Vertreters des Trägers der Einrichtung stattfinden. Sinnvoll ist es, ein solches Gespräch nicht unter vier Augen stattfinden zu lassen, damit die Aussagen durch eine zweite Person bezeugt werden können. Auch die Fachkraft, auf die sich das Disziplinargespräch bezieht, sollte die Möglichkeit erhalten, eine Vertrauensperson (auf Wunsch ein Mitglied des Personal- bzw. Betriebsrats) hinzuzuziehen. Wegen der erheblichen Folgewirkungen sollte ein solches Gespräch sorgfältig vorbereitet und genau dokumentiert werden.

Wenn gravierendes Fehlverhalten arbeits- und/oder strafrechtliche Konsequenzen erfordert, sollte gut überlegt werden, durch wen und auf welche Weise das Team, die Eltern und auch die Kinder darüber informiert werden. In diesem Fall müssen berechtigte Informationsinteressen mit den schutzwürdigen Interessen (ehemaliger) Mitarbeiter:innen in eine bestmögliche Balance gebracht werden. Um die in einem solchen Fall häufig aufgeregten Gemüter zu beruhigen, kann es sinnvoll sein, zum Beispiel im Rahmen eines Teamgesprächs und auf einem Elternabend die Eckpunkte des auf die Einrichtung bezogenen Kinderschutzkonzepts zu erläutern.

Arbeitsrechtliche Folgen können sehr unterschiedliche Formen annehmen. Vor allem die folgenden Maßnahmen sind möglich: Arbeits- oder Dienstanweisung, Ermahnung, Abmahnung, Korrekturvereinbarung, Versetzung, Kündigung.

Arbeits- oder Dienstanweisung: Mit einer Arbeits- oder Dienstanweisung konkretisiert der Arbeitgeber die im Arbeitsvertrag enthaltene Arbeitspflicht seiner Arbeitnehmer:innen. Er macht von seinem Weisungsrecht Gebrauch und formuliert mündlich oder – in vielen Fällen besser – schriftlich, wie eine bestimmte Arbeitsaufgabe zu erfüllen ist.

Ermahnung: Eine Ermahnung soll den Angestellten deutlich machen, dass sie sich in einer bestimmten Situation aus Sicht des Arbeitgebers nicht korrekt verhalten haben und der Arbeitgeber möchte, dass sich das ändert.

Abmahnung: Im Vergleich zur Ermahnung erhöht eine Abmahnung den Druck, da sie um die Androhung einer Kündigung ergänzt wird. Eine Abmahnung liegt vor, wenn der Arbeitgeber ein bestimmtes Verhalten als Vertragsverstoß beanstandet, er die Fachkraft dazu auffordert, dieses Verhalten in Zukunft zu unterlassen, und zugleich deutlich macht, dass im Wiederholungsfall mit einer Kündigung zu rechnen ist.

Korrekturvereinbarung: Im Unterschied zu einer einseitig durch den Arbeitgeber ausgesprochenen Abmahnung wird eine Korrekturvereinbarung zweiseitig vereinbart – zwischen dem Arbeitgeber, eventuell vertreten durch die Leitung, und dem oder der einzelnen Beschäftigten.

Versetzung: Unter einer Versetzung ist die Zuweisung eines anderen Arbeitsbereichs zu verstehen. Eine Versetzung in einen anderen Arbeitsbereich des Trägers kann zum Beispiel in denjenigen Fällen eine geeignete Maßnahme sein, in denen sich die Leitung einer Einrichtung grob unprofessionell verhalten hat oder der Leitungsaufgabe nicht gewachsen ist.

Kündigung: Eine Kündigung – also die einseitige Beendigung des Arbeitsverhältnisses – stellt die schärfste arbeitsrechtliche Maßnahme dar. Um wirksam zu sein, muss sie gemäß Paragraf 623 BGB schriftlich erfolgen. Ist ein Personal- bzw. Betriebsrat vorhanden, muss er vor einer Kündigung angehört werden. In der Regel sind Kündigungsfristen zu beachten. Wenn ein wichtiger Grund vorliegt, kann ein Arbeitsverhältnis gemäß Paragraf 626 BGB aber auch ohne Einhaltung einer Frist gekündigt werden, „wenn Tatsachen vorliegen, auf Grund derer dem Kündigenden unter Berücksichtigung aller Umstände des Einzelfalles und unter Abwägung der Interessen beider Vertragsteile die Fortsetzung des Dienstverhältnisses bis zum Ablauf der Kündigungsfrist oder bis zu der vereinbarten Beendigung des Dienstverhältnisses nicht zugemutet werden kann".

Zu den wichtigen Gründen, die eine fristlose Kündigung rechtfertigen können, gehört auch das schuldhafte erhebliche Fehlverhalten einer Fachkraft. Auch sogenannte Verdachtskündigungen sind möglich, wenn also ein dringender Verdacht besteht, dass eine Fachkraft sich gravierend falsch verhalten hat. Allerdings muss die bzw. der Verdächtigte zuvor persönlich angehört werden. Eine fristlose Kündigung kann nur innerhalb von zwei Wochen nach Bekanntwerden der für die

Kündigung maßgeblichen Tatsachen erfolgen. Ein wichtiger Grund für eine fristlose Kündigung liegt zum Beispiel vor, wenn eine pädagogische Fachkraft sich einem Kind gegenüber eindeutig sexuell übergriffig verhalten hat, und zwar auch dann, wenn dies nicht zu einer strafrechtlichen Verurteilung geführt hat.

Strafrechtliche Konsequenzen

Bei besonders schweren Fällen körperlicher oder sexueller Gewalt durch pädagogische Fachkräfte muss eine Strafanzeige in Betracht gezogen werden. Die Entscheidung hierüber sollte nach sorgfältiger Abwägung aller Gesichtspunkte, in enger Abstimmung mit dem Träger und mit den Eltern des betroffenen Kindes sowie in der Regel unter Hinzuziehung externen – auch juristischen – Sachverstands erfolgen. Eine Pflicht zur Anzeige besteht nicht. Da es sich bei einer strafrechtlich relevanten Misshandlung ebenso wie bei sexuellem Missbrauch um sogenannte Offizialdelikte handelt, die von Amts wegen verfolgt werden müssen, ist die Staatsanwaltschaft verpflichtet, jedem entsprechenden Hinweis nachzugehen. Die Rücknahme einer einmal gestellten Strafanzeige ist nicht möglich.

Im Falle des Verdachts auf sexuellen Kindesmissbrauch sind die Strafverfolgungsbehörden – Staatsanwaltschaft und Polizei – über „tatsächliche Anhaltspunkte zu informieren, die darauf hindeuten, dass eine Straftat nach dem 13. Abschnitt des Strafgesetzbuchs (Straftaten gegen die sexuelle Selbstbestimmung) begangen wurde“ (Bundesministerium der Justiz und für Verbraucherschutz 2018, S. 46). Zu den tatsächlichen Anhaltspunkten gehören „Aussagen von Personen über eigene Wahrnehmungen, aber auch Aussagen über Wahrnehmungen Dritter. Anonyme Hinweise oder Gerüchte sind beachtlich, insofern sie tatsächliche Anhaltspunkte für Ermittlungen beinhalten. Sie können in der Praxis erfolgreiche Ermittlungen auslösen“ (ebd.).

Vor Einschaltung der Strafverfolgungsbehörden sollten die Leitung und der Träger eine Plausibilitätskontrolle durchführen, in deren Rahmen entschieden wird, ob tatsächliche Anhaltspunkte für eine Straftat vorliegen. Eigeninteressen des Ganztags oder des Trägers wie zum Beispiel die Furcht vor einem Imageschaden sind kein berechtigter Grund dafür, die Einbeziehung der Strafverfolgungsbehörden zu unterlassen.

Unter bestimmten Umständen kann es gerechtfertigt sein, zum Schutz des Opfers auf eine Strafanzeige (vorerst) zu verzichten. Die vom Bundesministerium der Justiz und für Verbraucherschutz herausgegebenen „Leitlinien zur Einschaltung der Strafverfolgungsbehörden“ definieren diese Ausnahmen wie folgt: „Wenn die Belastung durch ein Strafverfahren eine nicht anders abwendbare unmittelbare Gefährdung der körperlichen oder psychischen Gesundheit des Opfers verursachen kann, kann es gerechtfertigt sein, von der Einschaltung der Strafverfolgungsbehörden für die Dauer der Gefährdung abzusehen. Bei einer nicht anders abwendbaren Gefährdung des Lebens ist dies geboten. Ein derartiger Ausnahmefall darf nicht von der Institution und ihren Mitarbeitern allein festgestellt werden. Das Vorliegen einer solchen Ausnahmesituation ist durch beratende Hinzuziehung eines von der betroffenen Institution unabhängigen Sachverstandes zu überprüfen" (ebd., S. 48).

Sprechen sich die Eltern oder das Kind gegen eine Einschaltung der Strafverfolgungsbehörden aus, sehen die Leilinien des Bundesjustizministeriums das folgende Vorgehen vor: „Der einer Strafverfolgung entgegenstehende Wille des Opfers oder der Erziehungsberechtigten ist bei der Entscheidungsfindung über die Einschaltung der Strafverfolgungsbehörden zu berücksichtigen. Er verpflichtet die Institution aber nicht, auf diese Einschaltung zu verzichten. Offenbart sich ein Opfer sexuellen Missbrauchs, so ist es in alters- und situationsgerechter Weise darüber aufzuklären, dass die Weitergabe der Informationen an die Strafverfolgungsbehörden (...) notwendig ist und dass nur in Ausnahmefällen hiervon abgesehen werden kann. Zu den Gesprächen sind die Erziehungsberechtigten hinzuzuziehen.

Die Hinzuziehung unterbleibt, wenn die Angaben des Opfers eine Verstrickung der Erziehungsberechtigten in den sexuellen Missbrauch befürchten lassen. Ein Ziel der Gespräche ist es, Verständnis für die Notwendigkeit der strafrechtlichen Verfolgung des Täters oder der Täterin und die Bereitschaft zur Aussage zu wecken, gegebenenfalls auch zu einer eigenen Strafanzeige zu ermutigen. Das Opfer und die Erziehungsberechtigten sollten auch auf die Möglichkeit externer Beratung aufmerksam gemacht werden. Es ist darauf hinzuweisen, dass in jedem Fall die zur Entscheidung über die Einbeziehung der Strafverfolgungsbehörden zuständige Leitungsebene unterrichtet werden muss (...). Die Leitungsebene kann die Einbeziehung der Strafverfolgungsbehörden für die Dauer der Gespräche zurückstellen, wenn eine weitere Gefährdung des Opfers und eine Gefährdung anderer potentieller Opfer durch den Täter oder die Täterin durch organisatorische Maßnahmen mit hoher Sicherheit für den Binnenbereich der Institution ausgeschlossen werden kann. Stimmen das Opfer bzw. seine Erziehungsberechtigten der Einschaltung der Strafverfolgungsbehörden endgültig nicht zu, kann hiervon nur abgesehen werden, wenn die Gefährdung des Opfers und anderer potentieller Opfer weiterhin durch eigene Maßnahmen der Institution mit hoher Sicherheit ausgeschlossen werden kann und die Angaben des Opfers sowie die der Institution bekannten weiteren Umstände auf ein tatsächliches Geschehen von geringer Schwere schließen lassen. Die Erfüllung dieser Voraussetzungen kann nicht allein von der Institution oder ihren Mitarbeitern festgestellt werden. Sie ist im Hinblick auf die Gefährdungslage und die Einschätzung der tatsächlichen Schwere des Tatverdachts durch unabhängige, fachlich qualifizierte Beratung zu bestätigen. Die Verantwortung für die Entscheidung tragen die Verantwortlichen der betroffenen Institution. Das Gespräch mit dem Opfer, die Entscheidungsgründe und das Ergebnis der externen Beratung sind unter Angabe der Namen aller Beteiligten zu dokumentieren" (ebd., S. 50f.).

Professioneller Umgang mit Gewalt durch Fachkräfte
Kollegiales Gespräch
Beratung im Team
Gespräch mit der Leitung
Gespräch mit den Eltern
Externe Unterstützung
Meldung an die Aufsichtsbehörden
Arbeitsrechtliche Konsequenzen
Strafrechtliche Konsequenzen

6 Gute Qualität im Ganztag – das Kind steht im Mittelpunkt

IN DIESEM KAPITEL ERFAHREN SIE,

- worin der Kinderrechtsansatz im Ganztag besteht
- welche Bausteine zu einem Schutzkonzept gehören
- was unter Menschen- und Kinderrechtsbildung zu verstehen ist
- warum wir eine Ethik pädagogischer Beziehungen brauchen
- wie die Zukunft des Ganztags aussehen sollte

6.1 Der Kinderrechtsansatz im Ganztag

Den Kinderrechtsansatz im Ganztag zu verwirklichen bedeutet, sämtliche Aspekte des Ganztags mit Bezug zu Kindern – unter anderem Leitbild und Konzept, Gestaltung des Alltags, pädagogische Angebote, Umgang mit Konflikten und Beschwerden, Schutz der Kinder vor Gefahren, Zusammenarbeit mit den Eltern – an den Rechten der Kinder zu orientieren. Ziel des Kinderrechtsansatzes ist es, dass jedes Kind darauf vertrauen kann, dass seine anerkannten Rechte im Ganztag respektiert und umgesetzt werden.

Wie jeder Menschenrechtsansatz beruht der Kinderrechtsansatz auf bestimmten Prinzipien, die sich aus dem Charakter von Menschenrechten ergeben. Vor allem vier grundlegende Prinzipien können unterschieden werden: Universalität, Unteilbarkeit, Kinder als Träger eigener Rechte sowie Erwachsene als Verantwortungsträger.

Das Prinzip der Universalität der Kinderrechte: Die Kinderrechte gelten weltweit in gleicher Weise für alle Kinder, unabhängig davon, in welcher Kultur oder Tradition sie leben, unabhängig auch davon, unter welchen Lebensumständen die Kinder aufwachsen. Alle Kinder sind hinsichtlich ihrer Rechte gleich. Nicht-Diskriminierung gehört zum Kernbestand der Menschen- und Kinderrechte.

Das Prinzip der Unteilbarkeit der Kinderrechte: Alle Rechte, die Kindern zustehen, sind gleich wichtig und untrennbar miteinander verbunden. Das „Gebäude der Kinderrechte" ist als ganzheitliche Einheit zu verstehen. Keine Gruppe von Rechten ist wichtiger als eine andere. Quer zu allen Bereichen können Schutz-, Förder- und Beteiligungsrechte gleiche Geltung beanspruchen. So sind Kinder zum Beispiel besser vor Gefahren geschützt, wenn sie ihre Rechte kennen und an den sie betreffenden Entscheidungen beteiligt werden. Umgekehrt ist Partizipation auf ausreichenden Schutz angewiesen. Kinder haben das Recht, sich zu beteiligen, sind dazu aber nicht verpflichtet und müssen davor geschützt werden, zur Beteiligung gedrängt zu werden.

Das Prinzip der Kinder als Träger eigener Rechte: Kinder sind Träger eigener Rechte (rights holders). Diese Rechte müssen von ihnen nicht erworben oder verdient und sie können von ihnen auch nicht abgelegt oder veräußert werden. Sie stehen ihnen allein deshalb zu, weil sie Kind sind.

Das Prinzip der Erwachsenen als Verantwortungsträger: Dem Prinzip der Kinder als Träger eigener Rechte korrespondiert die Pflicht der Erwachsenen, Verantwortung für die Umsetzung der Kinderrechte zu übernehmen. Erwachsene sind Pflichtenträger (duty bearers), von denen die Kinder die Umsetzung ihrer Rechte erwarten können. Für das Wohl des einzelnen Kindes sind in erster Linie die Eltern verantwortlich. Aber auch Staat, Wirtschaft, Kultur, Sport und Medien, Verbände und Religionsgemeinschaften sowie die verschiedenen mit Kindern tätigen Institutionen und darüber hinaus alle in einer Gesellschaft lebenden Erwachsenen tragen Verantwortung für Kinderrechte.

Prinzipien des Kinderrechtsansatzes	
Universalität	Alle Kinder sind hinsichtlich ihrer Rechte gleich.
Unteilbarkeit	Alle Rechte sind gleich wichtig und untrennbar miteinander verbunden.
Kinder als Rechtsträger	Kinder sind Träger eigener Rechte.
Erwachsene als Verantwortungsträger	Erwachsene sind Pflichtenträger und tragen die Verantwortung für die Umsetzung der Kinderrechte.

Kennzeichnend für den Kinderrechtsansatz ist, dass nicht nur nach den Bedürfnissen, sondern gleichermaßen nach den Rechten von Kindern gefragt wird. Während Bedürfnisse subjektiv und situationsabhängig sind, handelt es sich bei den Rechten der Kinder um objektive, von einzelnen Situationen unabhängige Ansprüche. Der Kinderrechtsansatz bildet den Rahmen zur Ausrichtung des Handelns von Personen und Organisationen an den Prinzipien der UN-Kinderrechtskonvention. Damit ist er ein auf die besonderen Bedürfnisse und spezifischen Rechte von Kindern ausgerichteter Menschenrechtsansatz. Die Kinderrechtsorganisation „International Save the Children Alliance" (2002, S. 22) hat die Implikationen des Bedürfnis-Ansatzes (Need-Based Approach) denen des Rechte-Ansatzes (Rights-Based Approach) gegenübergestellt:

Bedürfnis-Ansatz (Needs-Based Approach)	**Rechte-Ansatz (Rights-Based Approach)**
Private Wohltätigkeit	Politische, moralische und gesetzliche Verpflichtung
Freiwilligkeit	Verbindlichkeit
Wohlfahrt, Almosen, Wohltätigkeit	Gesetzlicher Anspruch garantiert Gerechtigkeit, Gleichheit, Freiheit
An Symptomen orientiert	An Ursachen orientiert
Auf Teilziele bezogen	Auf vollständige Umsetzung bezogen
Hierarchie der Bedürfnisse: einige Bedürfnisse sind wichtiger (z. B. Nahrung vor Bildung)	Unteilbarkeit der Rechte: Alle Rechte sind gleich wichtig
Bedürfnisse sind je nach Situation verschieden	Rechte sind universell
Bereitstellung von Diensten	Träger von Rechten werden ermächtigt, ihre Rechte einzufordern (Empowering)
Festlegung von Bedürfnissen ist subjektiv	Rechte basieren auf internationalen Standards
Kurzzeitperspektive	Langzeitperspektive
Bereitstellung von Angeboten	Bewusstseinsbildung
Spezifische Projekte mit spezifischen Zielgruppen	Ganzheitlicher Ansatz
Kinder erhalten Hilfe	Kinder haben Anspruch auf Hilfe
Regierungen sollten etwas tun, aber niemand hat eindeutige Verpflichtungen	Regierungen haben verbindliche gesetzliche und moralische Verpflichtungen
Kinder können sich beteiligen, um die Angebote zu verbessern	Kinder haben ein Recht auf aktive Beteiligung
Aufgrund knapper Mittel bleiben manche Kinder außen vor	Alle Kinder haben das gleiche Recht, ihre Potenziale auszuschöpfen
Jeder Arbeitsbereich hat sein eigenes Ziel, ohne dass ein übergreifendes Ziel existiert	Es existiert ein übergreifendes Ziel, auf das alle Bereiche bezogen sind
Bestimmte Gruppen verfügen über technische Fertigkeiten, mit Kindern umzugehen	Alle Erwachsenen (und alle Kinder) können dazu beitragen, die Rechte von Kindern umzusetzen

Der Kinderrechtsansatz zielt auf die volle Umsetzung der Rechte von Kindern nach der UN-Kinderrechtskonvention und nimmt sowohl deren individuelle Situation als auch die sie umgebenden gesellschaftlichen Einheiten wie Familie, Gemeinwesen, Nation und Weltbevölkerung in den Blick. Ein am Kinderrechtsansatz ausgerichtetes Handeln von Personen und Organisationen zeigt sich in allen Handlungseinheiten: in der Analyse der Ausgangssituation, der Planung, Durchführung und Verlaufskontrolle von Maßnahmen sowie in deren Evaluation.

Insgesamt ist die Orientierung an den Kinderrechten und die Umsetzung des Kinderrechtsansatzes ein zentraler Baustein guter Qualität aller mit Kindern und für Kinder tätigen Fachkräfte und Organisationen. Dienste und Einrichtungen, die für sich in Anspruch nehmen, qualitativ hochwertige Arbeit mit Kindern zu leisten, müssen sich daran messen, inwieweit sie zur Verwirklichung der Rechte von Kindern beitragen.

6.2 Bausteine eines Gewaltschutzkonzepts

Der Ganztag sollte über ein Schutzkonzept verfügen, in dem aufgeführt ist, wie die Kinder präventiv vor Gewalt in der Einrichtung geschützt werden und welche Maßnahmen zu ergreifen sind, wenn es zu Fehlverhalten oder Gewalt durch pädagogische Fachkräfte kommt (vgl. Maywald 2022, S. 105ff.).

Für die Ausgestaltung des Schutzkonzepts existieren keine verbindlichen Vorgaben. Es liegt daher in der Entscheidung des Trägers bzw. der einzelnen Einrichtung, welche Reichweite das Schutzkonzept haben soll und auf welche Aspekte des Themas Kinderschutz es sich bezieht. **Vier unterschiedliche Reichweiten** können unterschieden werden:

Ein **enges Verständnis** begrenzt das Schutzkonzept auf den Schutz der Kinder vor sexuellem Missbrauch. Dieses enge Verständnis liegt den Empfehlungen der Unabhängigen Beauftragten der Bundesregierung für Fragen des sexuellen Kindesmissbrauchs (UBSKM) zugrunde, die ein neun Punkte umfassendes Schutzkonzept vorschlägt. Auch die Kultusministerkonferenz hat sich in ihrem Leitfaden „Kinderschutz in der Schule" (Kultusministerkonferenz 2023) auf ein enges Verständnis des Kinderschutzes beschränkt.

Ein **Verständnis mit mittlerer Reichweite** soll die Kinder vor sämtlichen Formen von Gewalt im Ganztag schützen. Körperliche und seelische Gewalt gehören ebenso dazu wie Vernachlässigung der Aufsichtspflicht und sexueller Missbrauch.

Ein **weites Verständnis** bezieht in das Schutzkonzept sämtliche in der UN-Kinderrechtskonvention niedergelegten Schutzrechte ein. Neben dem Recht auf Schutz vor sämtlichen Formen von Gewalt werden hier unter anderem auch der Unfall- und Gesundheitsschutz, das Recht auf Schutz der Privatsphäre, das Recht auf Schutz vor schädigenden Einflüssen von Medien sowie das Recht auf Schutz vor Diskriminierung mit einbezogen.

Schließlich ist es möglich, das Schutzkonzept zu einem Kinderrechtsschutzkonzept zu erweitern. Bei diesem **sehr weiten Verständnis** geht es darum, sämtliche Rechte der Kinder gemäß UN-Kinderrechtskonvention zu schützen. Neben den Schutzrechten gehören dazu auch die Förder- und Beteiligungsrechte.

Unterschiedliche Reichweiten eines Schutzkonzepts
Schutz der Kinder vor sexuellem Missbrauch
Schutz der Kinder vor sämtlichen Formen von Gewalt
Verwirklichung sämtlicher in der UN-Kinderrechtskonvention enthaltenen Schutzrechte (u. a. Diskriminierungsschutz, Privatsphärenschutz, Medienschutz, Gewaltschutz, Gesundheitsschutz)
Verwirklichung sämtlicher Schutz-, Förder- und Beteiligungsrechte gemäß UN-Kinderrechtskonvention (Kinderrechtsschutzkonzept)

Der gesetzliche Standard (§ 45 Absatz 2 SGB VIII) im Bereich der Kinder- und Jugendhilfe sieht vor, zumindest ein Verständnis mit mittlerer Reichweite zugrunde zu legen, das sämtliche Formen von Gewalt in den Blick nimmt. Um den engen Zusammenhang zwischen dem Gewaltschutz und den Schutz-, Förder- und Beteiligungsrechten des Kindes deutlich herauszustellen, ist es darüber hinaus sinnvoll – zum Beispiel in einer Präambel –, den Bezug des Schutzkonzepts zu sämtlichen Kinderrechten darzustellen.

Weiterhin muss entschieden werden, ob sich das Schutzkonzept ausschließlich auf Gefahren für die Kinder im Ganztag (institutionelles Schutzkonzept) beziehen oder ob auch der Umgang mit gewichtigen Anzeichen für eine Kindeswohlgefährdung durch Einflüsse außerhalb des Ganztags wie Familie und soziales Umfeld (Vereinbarung gemäß § 8a Absatz 4 SGB VIII) Bestandteil des Schutzkonzepts sein soll.

Bausteine eines Schutzkonzepts

Das Schutzkonzept der Einrichtung sollte modular aufgebaut sein, das heißt, aus mehreren Bausteinen bestehen, die im Sinne eines Schutzprozesses (Fegert 2022) weiterentwickelt und ergänzt werden können. Folgende Module sollten erarbeitet werden:

Leitbild und Konzeption: Die Verantwortung für den Schutz der Kinder vor körperlicher, seelischer und sexualisierter Gewalt wird in das Trägerleitbild und die Konzeption der Einrichtung aufgenommen.

Einstellungsgespräch und Arbeitsvertrag: Im Einstellungsgespräch werden die Maßnahmen bei Gewalt gegen Kinder durch Fachkräfte thematisiert und im Arbeitsvertrag werden unter anderem die obligatorische Vorlage eines erweiterten Führungszeugnisses sowie die Unterzeichnung einer Selbstverpflichtungserklärung festgehalten.

Risiko- und Gefährdungsanalyse: Es wird eine Risiko- und Gefährdungsanalyse erstellt, die die im Alltag auftretenden Risiken auflistet. Hierbei können folgende Fragen handlungsleitend sein (vgl. Wolff, Schröer & Winter 2018, S. 79ff.): (1) Gibt es spezifische Situationen im Alltag, in denen es zu Nähe-Distanz-Problemen kommen könnte? (2) Welche Gefahrenmomente für Machtmissbrauch, Übergriffe und grenzverletzende Verhaltensweisen sind vorhanden? (3) In welchen alltäglichen Schlüsselsituationen könnten die Rechte der Kinder nicht geachtet werden oder aus dem Blick geraten?

Verhaltenskodex: Ein Verhaltenskodex legt die Regeln für einen gewaltfreien, Grenzen achtenden und respektvollen Umgang der pädagogischen Fachkräfte fest. Dieser Verhaltenskodex kann auch als Verhaltensampel (grün = kindgerecht, rot = nicht akzeptabel, gelb = kann in manchen Situationen gerechtfertigt sein) ausgestaltet sein.

Information der Kinder: Die Kinder werden altersgerecht über ihr Recht auf Achtung ihrer persönlichen Grenzen sowie auf Hilfe in Notlagen informiert und erhalten in regelmäßigen Abständen Präventionsangebote.

Information der Eltern: Die Eltern werden über die Formen von möglichem Fehlverhalten pädagogischer Fachkräfte sowie über Präventionsangebote informiert.

Fortbildungen: Die Mitarbeiter:innen des Ganztags sind verpflichtet, an einer Informationsveranstaltung zu Grundlagenwissen über Gewalt durch Fachkräfte teilzunehmen. Der Besuch weiterführender Fortbildungsangebote wird empfohlen und ermöglicht.

Beschwerdemöglichkeiten: Der Ganztag verfügt über ein Beschwerdemanagement und benennt Ansprechpersonen innerhalb und außerhalb der Einrichtung, an die sich Kinder, Eltern und Fachkräfte wenden können. Sowohl Verhinderungs- als auch Ermöglichungsbeschwerden und auch advokatorische Beschwerden (Beschwerden im Namen eines anderen) sind möglich. Beschwerden können sich ausdrücklich auch auf das Verhalten von Fach- und Leitungskräften beziehen.

Notfallplan: Ein Notfallplan orientiert sich an den individuellen Gegebenheiten des Ganztags und regelt das Vorgehen bei einer Vermutung von Fehlverhalten oder Gewalt. Die in den meisten Einrichtungen bereits vorhandenen Richtlinien zum Schutz der Kinder bei gewichtigen Anzeichen für eine Kindeswohlgefährdung gemäß Paragraf 8a SGB VIII sollten in den Notfallplan integriert werden. Der Notfallplan beschreibt auch die notwendigen Handlungsschritte im Falle von Falschbeschuldigungen.

Kooperation: Der Ganztag arbeitet mit einer Fachberatungsstelle gegen Gewalt (z. B. Kinderschutz-Zentrum, Fachberatungsstelle gegen sexualisierte Gewalt) zusammen, auf deren spezifische Expertise bei Bedarf zurückgegriffen werden kann.

Bausteine eines Schutzkonzepts
Verankerung des institutionellen Kinderschutzes im Trägerleitbild und in der Konzeption des Ganztags
Thematisierung des Kinderschutzes in den Einstellungsgesprächen; regelmäßige Vorlage eines erweiterten Führungszeugnisses; Unterzeichnung einer Selbstverpflichtungserklärung
Erstellen einer Risiko- und Gefährdungsanalyse, die die im Alltag auftretenden Risiken auflistet
Erarbeitung eines Verhaltenskodex (bzw. einer Verhaltensampel) mit Regeln für einen gewaltfreien, Grenzen achtenden und respektvollen Umgang der Fachkräfte
Information der Kinder über ihre Rechte und die Möglichkeiten der Hilfe und Beschwerde; regelmäßige Präventionsangebote
Information der Eltern über ihre Rechte und die Möglichkeiten der Hilfe und Beschwerde
Einrichtung interner und externer Beschwerdeverfahren sowie Benennung von Ansprechpersonen
Verpflichtung zur Fortbildung über Fehlverhalten und Gewalt durch Fachkräfte
Erarbeitung und regelmäßige Bekanntgabe eines Notfallplans zum Vorgehen bei einer Vermutung von Fehlverhalten oder Gewalt durch Fachkräfte (inkl. Vorgehen bei Falschbeschuldigungen)
Zusammenarbeit mit einer Fachberatungsstelle gegen Gewalt

Das Schutzkonzept sollte von der Leitung („top down“) initiiert, mit dem Träger abgestimmt und unter Einbeziehung des gesamten Teams bzw. Kollegiums („bottom up“) erarbeitet werden. Da Maßnahmen zum Schutz der Kinder immer alle Mitarbeiter:innen der Einrichtung betreffen, sollten punktuell auch die nicht-pädagogischen Kolleg:innen (wie z. B. Hauswirtschaftskräfte) mit einbezogen werden. Um möglichen Ängsten zu begegnen, ist es sinnvoll, frühzeitig und über sämtliche Phasen des Prozesses hinweg die Interessenvertretung der Beschäftigten (Mitarbeitervertretung, Personalrat, Betriebsrat) zu informieren und zu beteiligen.

Exemplarisch bietet sich die Abfolge von **sechs Schritten auf dem Weg zum Kinderschutzkonzept** an:

1. Beschluss des Gesamtteams und Abstimmung mit dem Träger: Zunächst sollte die Leitung das Team bzw. Kollegium informieren und für ihr Vorhaben gewinnen, ein Kinderschutzkonzept zu entwickeln. Zu diesem Zweck muss sie es von den Vorteilen eines solchen Konzepts – vor allem den Zuwachs an Orientierung und Handlungssicherheit für die Fachkräfte – überzeugen. Um den beginnenden Prozess breit abzusichern, sollte sie sich parallel dazu der Unterstützung des Trägers versichern und die Elternvertretung in die Planung einbeziehen. Die Entscheidung für das Vorhaben sollte von Anfang an auch einen Beschluss über den Zeitrahmen und die erforderlichen Ressourcen enthalten (z. B. Bereitstellung finanzieller Mittel für Fachberatung und Fortbildungen).

2. Analyse der Ausgangssituation: In einem zweiten Schritt sollte die aktuelle Situation analysiert werden. In vielen Einrichtungen gibt es bereits verstreute Ansätze und Materialien zum Thema Kinderschutz, zum Beispiel in Form eines Kinderschutzordners. Nun geht es darum, die vorhandenen Ansätze zu erfassen, in den Kontext eines umfassenden Schutzkonzepts zu stellen und auf mögliche Lücken abzuklopfen. Weiterhin gehört es zur Analyse, die Abläufe und Regeln im Ganztag auf ihre Tauglichkeit hinsichtlich eines Schutzkonzepts zu überprüfen.

3. Festlegung der Ziele und Verteilung der Aufgaben: Danach sollten die Ziele des Schutzkonzepts für die Einrichtung definiert und die damit verbundenen Aufgaben verteilt werden. Als Hauptziel kann festgelegt werden, ein an den Rechten der Kinder orientiertes Schutzkonzept zu entwickeln. Aus der Festlegung weiterer Ziele ergeben sich entsprechende Aufgaben, die mit den jeweils passenden Formaten (z. B. Literaturrecherche, Teamgespräch, Fortbildung, Inanspruchnahme von Fachberatung, schriftliche Formulierung von Verhaltensstandards) zu erledigen sind.

4. Umsetzung der Maßnahmen: Dieser Schritt bezieht sich auf die konkrete Verwirklichung der Beschlüsse. Die Weiterentwicklung von Konzeption und Leitbild durch die Erarbeitung und Verabschiedung des Schutzkonzepts können zum Beispiel im Rahmen von Workshops oder Fortbildungen stattfinden, eventuell auch unter Hinzuziehung professioneller Unterstützung von außen. Zur Ausgestaltung der Qualifizierungsmaßnahmen sind Vereinbarungen mit Fortbildungsanbietern notwendig. Die Umsetzung von Maßnahmen der Öffentlichkeitsarbeit erfolgt in der Regel in enger Abstimmung mit dem Träger. Um sämtliche anstehenden Maßnahmen koordiniert und nachhaltig durchführen zu können, ist es sinnvoll, jeweils Verantwortliche zu benennen. Sofern noch nicht vorhanden, bietet es sich in diesem Zusammenhang an, Kinderschutzbeauftragte der Einrichtung zu bestimmen.

5. Information der Eltern und Öffentlichkeitsarbeit: Im vorletzten Schritt geht es darum, die Eltern einzubeziehen und das Schutzkonzept in der Öffentlichkeit bekanntzumachen. Die Information der Eltern sollte frühzeitig, zum Beispiel im Rahmen eines Gesamtelternabends, erfolgen, in dessen Vorbereitung die gewählten Elternvertreter:innen einbezogen werden. Das vom Team bzw. Kollegium erarbeitete und mit Träger sowie Elternvertretung abgestimmte und von den Eltern gebilligte Schutzkonzept sollte anschließend nach außen kommuniziert werden und in der Öffentlichkeitsarbeit des Ganztags Berücksichtigung finden.

6. Evaluation: Im letzten Schritt geht es an die Auswertung des Schutzkonzepts einschließlich der Möglichkeit, bei Bedarf Veränderungen anzubringen. In der Folgezeit sollten nun – ganz im Sinne der „lernenden Organisation" – sämtliche Aspekte des Kinderschutzes im Ganztag und die darauf bezogenen Bausteine regelmäßig auf den Prüfstand gestellt und gegebenenfalls überarbeitet bzw. aktualisiert werden.

Schritt für Schritt zum Schutzkonzept
1. Schritt: Beschluss des Gesamtteams und Abstimmung mit dem Träger
2. Schritt: Analyse der Ausgangssituation
3. Schritt: Festlegung der Ziele und Verteilung der Aufgaben
4. Schritt: Umsetzung der Maßnahmen
5. Schritt: Information der Eltern und Öffentlichkeitsarbeit
6. Schritt: Evaluation

6.3 Menschen- und Kinderrechtsbildung

Die Rechte von Kindern zu kennen ist eine wichtige Voraussetzung dafür, dass Kinder nicht nur Rechte haben, sondern die ihnen zustehenden Rechte tatsächlich wahrnehmen können. Wissen über Kinderrechte bildet die Brücke von „Recht haben" zu „Recht bekommen". Dies gilt gleichermaßen für Erwachsene wie für Kinder. Ein Kind, das sich seiner Rechte bewusst ist, hat größere Chancen, diese auch nachdrücklich einzufordern.

Gemäß Artikel 42 der UN-Kinderrechtskonvention hat sich Deutschland verpflichtet, „die Grundsätze und Bestimmungen dieses Übereinkommens durch geeignete und wirksame Maßnahmen bei Erwachsenen und auch bei Kindern allgemein bekannt zu machen". Ergänzend enthält Artikel 29 Absatz 1b der UN-Kinderrechtskonvention die Verpflichtung, dass die Bildung des Kindes darauf gerichtet sein muss, „dem Kind Achtung vor den Menschenrechten und Grundfreiheiten und den in der Charta der Vereinten Nationen verankerten Grundsätzen zu vermitteln". Menschen- und Kinderrechtsbildung erhöht das Wertebewusstsein und fördert zudem den Respekt vor den Rechten anderer Menschen.

UN-Kinderrechtskonvention, Artikel 42 (Verpflichtung zur Bekanntmachung)
Die Vertragsstaaten verpflichten sich, die Grundsätze und Bestimmungen dieses Übereinkommens durch geeignete und wirksame Maßnahmen bei Erwachsenen und auch bei Kindern allgemein bekannt zu machen.

§

Das Deutsche Institut für Menschenrechte versteht Menschenrechtsbildung als „präventive und handlungsorientierte Bildungsarbeit", die dazu befähigen soll, „Menschenrechte zu achten, zu schützen und einzufordern" (Deutsches Institut für Menschenrechte 2006, S. 5). Dieses Ziel soll durch die folgenden **drei miteinander verbundenen Lernfelder** erreicht werden:

Lernen über Menschenrechte beinhaltet den Erwerb von Wissen und Kenntnissen über die zentralen Schlüsselbegriffe der Menschenrechte sowie über Geschichte und Inhalte wichtiger Menschenrechtskonventionen.

Lernen durch Menschenrechte hat das Ziel, die eigenen Werthaltungen und Überzeugungen zu menschenrechtlichen Fragen zu reflektieren und diese an menschenrechtlichen Standards zu orientieren.

Lernen für Menschenrechte zielt auf die Aneignung von Handlungswissen, das dazu befähigt, aktiv und nach je eigenen Möglichkeiten für die Achtung und Verwirklichung der Menschenrechte einzutreten.

Pädagogische Fachkräfte im Ganztag, die sich den Kinderrechten verpflichtet fühlen, sollten Menschen- und Kinderrechtsbildung auf drei Ebenen angehen: Erstens müssen die Fachkräfte Vorbild in puncto Kinderrechte sein. Denn Kinder werden die Rechte anderer nur unter der Voraussetzung achten, dass sie selbst mit ihren Rechten wahrgenommen und respektvoll behandelt werden. Zweitens geht es darum, Kindern ihre Rechte altersgerecht zu vermitteln. Drittens müssen die Kinder selbst rechtebasierte und demokratische Verhaltensweisen einüben können. Hierzu bedarf es einer Verankerung der Kinderrechte in den Leitbildern und Konzepten der pädagogischen Einrichtungen sowie der Förderung einer demokratischen Einrichtungskultur.

Die Erfahrungen im Umgang mit Werten und den darauf aufbauenden Rechten, die Kinder in den pädagogischen Einrichtungen machen, haben einen großen Einfluss auf die Bildung ihrer Persönlichkeit. Inwieweit sich Kinder als aktive Mitglieder einer Gemeinschaft erleben können, die für die Rechte des Einzelnen eintritt und Mitgestaltung ermöglicht, aber auch Grenzen und Regeln markiert, hat große Auswirkungen auf die moralische Entwicklung und auf die politische Sozialisation.

Kinder- und Menschenrechtsbildung ist somit ein wichtiger Baustein der allgemeinen Persönlichkeitsbildung und trägt wesentlich zur Demokratiebildung bei.

6.4 Die Reckahner Reflexionen für eine Ethik pädagogischer Beziehungen

Fehlverhalten und Gewalt durch pädagogische Fachkräfte stehen immer dann im Fokus öffentlicher Aufmerksamkeit, wenn es um schwere Formen körperlicher oder sexualisierter Gewalt geht. Dabei wird oft vernachlässigt, dass in pädagogischen Beziehungen die weitaus am häufigsten vorkommende Gewalt gegen Kinder in Form seelischer Verletzungen geschieht. Umgekehrt ist es vor allem eine anerkennende und wertschätzende Beziehungsgestaltung im Alltag, die für das Wohlbefinden und die Verwirklichung der kindlichen Rechte entscheidend ist. „Genügend gute pädagogische Beziehungen, die sich aus einer Folge responsiver einzelner

Interaktionen formieren, können zum Wohlbefinden im Hier und Jetzt der Lebensphasen Kindheit und Jugend ebenso maßgeblich beitragen wie zum Lernerfolg und zum Gelingen langfristiger biografischer Entwicklungen. Verletzende Beziehungen, die sich aus einer Folge destruktiver einzelner Interaktionen formieren, können Kinder und Jugendliche unglücklich machen, Lernen und Leistung behindern und ihren Bildungswegen bis ins Erwachsenenalter hinein schaden. Kinder in riskanten Lebenslagen sind ganz besonders von guten pädagogischen Beziehungen abhängig" (Prengel 2013, S. 10).

Der Frage, wie pädagogische Beziehungen in der Praxis auf einem Kontinuum zwischen Anerkennung, Ambivalenz und seelischer Verletzung einzuordnen sind, hat sich das Forschungsprojekt INTAKT (Soziale Interaktionen in pädagogischen Arbeitsfeldern) (ebd., S. 93ff.) gewidmet. Im Rahmen eines verzweigten Projektnetzes wurden rund 15.000 Feldvignetten zusammengetragen, die auf Beobachtungen einzelner pädagogischer Interaktionen vor allem in Schulen, aber auch in Kindertageseinrichtungen beruhen. Danach ist etwa mit jeder vierten pädagogischen Interaktion eine seelische Verletzung verbunden, und bei durchschnittlich jeder sechzehnten Interaktion erlebt ein Kind eine starke Missachtung durch eine Lehrkraft bzw. pädagogische Fachkraft.

Vor dem Hintergrund dieser empirischen Befunde fand im Jahr 2011 in dem brandenburgischen Ort Reckahn die Gründungskonferenz des Arbeitskreises Menschenrechtsbildung statt. In jährlichen Expertenkonferenzen, an denen Fachleute aus Praxis, Leitung, Verwaltung, Wissenschaft, Bildungspolitik und Stiftungen teilnahmen, wurden die „Reckahner Reflexionen zur Ethik pädagogischer Beziehungen" erarbeitet, die 2017 veröffentlicht wurden (Deutsches Institut für Menschenrechte et al. 2017). Die in zehn Leitlinien formulierte Pädagogikethik ist an den in der UN-Kinderrechtskonvention niedergelegten Kinderrechten orientiert und greift Ergebnisse unter anderem aus der Bindungsforschung, Vertrauensforschung, Gesundheitsforschung, Unterrichtsstilforschung, Bedürfnisforschung, Kindheitsforschung und aus der Pädiatrie auf.

Die Leitlinien der Reckahner Reflexionen wenden sich an Lehrpersonen und pädagogische Fachkräfte sowie an verantwortliche Erwachsene in allen Bereichen des Bildungswesens. Sie sollen Reflexion anregen und als Orientierung für dauerhafte professionelle Entwicklungen auf der Ebene pädagogischer Beziehungen dienen. Ziel der Reckahner Reflexionen zur Ethik pädagogischer Beziehungen ist es, die menschenwürdige Gestaltung pädagogischer Beziehungen zu fördern.

Was ethisch begründet ist

(1) Kinder und Jugendliche werden wertschätzend angesprochen und behandelt.
(2) Lehrpersonen und pädagogische Fachkräfte hören Kindern und Jugendlichen zu.
(3) Bei Rückmeldungen zum Lernen wird das Erreichte benannt. Auf dieser Basis werden neue Lernschritte und förderliche Unterstützung besprochen.
(4) Bei Rückmeldungen zum Verhalten werden bereits gelingende Verhaltensweisen benannt. Schritte zur guten Weiterentwicklung werden vereinbart. Die dauerhafte Zugehörigkeit aller zur Gemeinschaft wird gestärkt.
(5) Lehrpersonen und pädagogische Fachkräfte achten auf Interessen, Freuden, Bedürfnisse, Nöte, Schmerzen und Kummer von Kindern und Jugendlichen. Sie berücksichtigen ihre Belange und den subjektiven Sinn ihres Verhaltens.
(6) Kinder und Jugendliche werden zu Selbstachtung und Anerkennung der Anderen angeleitet.

Was ethisch unzulässig ist

(7) Es ist nicht zulässig, dass Lehrpersonen und pädagogische Fachkräfte Kinder und Jugendliche diskriminierend, respektlos, demütigend, übergriffig oder unhöflich behandeln.
(8) Es ist nicht zulässig, dass Lehrpersonen und pädagogische Fachkräfte Produkte und Leistungen von Kindern und Jugendlichen entwertend und entmutigend kommentieren.
(9) Es ist nicht zulässig, dass Lehrpersonen und pädagogische Fachkräfte auf das Verhalten von Kindern und Jugendlichen herabsetzend, überwältigend oder ausgrenzend reagieren.
(10) Es ist nicht zulässig, dass Lehrpersonen und pädagogische Fachkräfte verbale, tätliche oder mediale Verletzungen zwischen Kindern und Jugendlichen ignorieren.

In Anlehnung an die Reckahner Reflexionen wurde das „Reckahner Regelbüchlein für große und kleine Kinder" (Rekids) entwickelt, in dem die ethischen Standards leicht verständlich für Kinder dargestellt sind (Rochow Akademie & Pädagogische Hochschule Steiermark 2020).

Ethische Orientierungen für große und kleine Kinder

Jedes Kind hat eine gleiche Würde.

Jedes Kind ist wertvoll und liebenswert.

Ich sorge gut für mich.

Ich sorge gut für die anderen.

Ich sorge gut für die Dinge und die Umwelt.

Wenn ich traurig bin, suche ich jemanden, mit dem ich darüber sprechen kann.

Wenn mir jemand wehtut oder Angst macht, sage ich „Stopp!". Wenn es nicht aufhört, hole ich Hilfe. Hilfe holen ist nicht petzen.

Wenn ich jemandem wehgetan habe, mache ich es wieder gut. Bei „Stopp!" höre ich darauf.

Wenn jemand schlecht über mich spricht, glaube ich an mich.

Alle Kinder und Erwachsenen bemühen sich, nach den Regeln zu handeln. Das ist nicht immer leicht. Wir helfen uns dabei.

Wir denken über die Regeln nach und sprechen über sie. Wir stellen selbst Regeln auf, die allen Kindern oder Jugendlichen helfen.

Die Goldene Regel: Was du nicht willst, das man dir tu, das füg auch keinem andern zu!

Die in den Reckahner Reflexionen formulierten Leitlinien einer pädagogischen Ethik können auf unterschiedlichen Handlungsebenen unterstützt und gestärkt werden (vgl. Prengel 2017, S. 26):
(1) Es werden menschenrechtlich orientierte pädagogische Konzepte vereinbart, die demokratische Verfahren zur Bearbeitung von Konflikten zwischen allen Beteiligten enthalten.
(2) Personen in Leitungspositionen fördern anerkennende pädagogische Beziehungen und werden dabei vom Träger und den Aufsichtsbehörden unterstützt.
(3) Für Kinder und Eltern werden interne und externe Ansprech- und Beschwerdestellen geschaffen, an die sie sich wenden können, wenn pädagogische Fachkräfte sich fehlverhalten.

(4) Teams arbeiten an der kinderrechtlichen Qualität ihrer pädagogischen Beziehungen. Dazu werden regelmäßige Sitzungen fest im wöchentlichen Zeitplan verankert. Sie dienen der kollegialen Rückmeldung und der Selbstreflexion. Pädagogische Fachkräfte lassen sich bei Bedarf beraten. Alle Angehörigen der Einrichtung sorgen dafür, dass bei professionellem Fehlverhalten interveniert wird, um die Situation zu verbessern.
(5) Auf allen Ebenen im Bildungssystem werden Strategien zur Unterstützung ethisch begründeten pädagogischen Handelns entwickelt. Verwaltungen, Träger, Organisationen, Verbände, Stiftungen und Politik fördern dazu Prävention, Intervention, Forschung, Ausbildung, Fortbildung, Beratung, Beschwerdemöglichkeiten und juristische Klärungen sowie die Bereitstellung von Ressourcen.

6.5 Die Zukunft des Ganztags

In wenigen Jahren werden voraussichtlich die allermeisten Kinder im Grundschulalter den „ganzen Tag" – üblicherweise also fünf Wochentage zwischen 8 und 16 Uhr – in Einrichtungen des Ganztags verbringen. Die rechtlichen Voraussetzungen dafür wurden mit der stufenweisen Einführung des Rechtsanspruchs auf ganztägige Förderung in dieser Altersgruppe geschaffen. Auf diese Weise wird sich die Institutionalisierung der Kindheit weiter fortsetzen.

Der Ausbau von Ganztagsangeboten wurde vor allem mit der besseren Vereinbarkeit von Familie und Beruf begründet, also mit den Interessen der Eltern und denen der Wirtschaft, die auf Arbeitskräfte angewiesen ist. Bildungspolitisch verbindet sich mit dem Ganztag die Hoffnung, Kindern über den schulischen Unterricht hinaus bessere Lerngelegenheiten und Freizeitangebote zur Verfügung zu stellen, um auf diese Weise zu mehr Bildungsgerechtigkeit beizutragen.

Die mit dem Ganztag verbundenen hohen Erwartungen werden sich nur erfüllen, wenn es gelingt, die Interessen der Kinder in den Mittelpunkt zu stellen und den Ganztag vom Kind aus zu denken. „Letztlich gilt es, als gemeinsames Ziel anzustreben, dass Kinder gerne und freiwillig den Ganztag nutzen, weil sie dort Freundinnen und Freunde haben und es ihnen dort gut geht und Spaß macht, und dass die ganz unterschiedlichen Familien ihre Kinder gerne dorthin schicken, weil sie die Kinder dort gut versorgt wissen, da sie sich dort entfalten können und gefördert werden, und ein anregendes Angebot vorfinden" (Guglhör-Rudan et al. 2020, S. 96).

Ein Ganztag, der vom Kind aus gedacht wird, muss sich daran messen lassen, inwieweit die Rechte aller Kinder auf Schutz, Förderung und Beteiligung im Alltag verwirklicht sind und jedes Kind in seiner individuellen Besonderheit berücksichtigt wird. „‚Guter Ganztag' stellt die Persönlichkeitsentwicklung der Kinder in den Mittelpunkt und sichert Kindern über Mitwirkungs-, Beteiligungs- und Entscheidungsrechte einen aktiven Einfluss auf Gestaltung ihrer schulischen und außerschulischen Lebensbedingungen zu" (Wapler 2020, S. 22).

Ein gelingender Ganztag ist ein Kinderrechte-Ganztag.

Alle Kinder sowie die im Ganztag tätigen Fachkräfte unterschiedlicher Berufsgruppen kennen die Rechte der Kinder und richten ihr Handeln an den globalen Kindermenschenrechten aus, wie sie in der UN-Kinderrechtskonvention verbindlich festgeschrieben sind. Die Kinder werden in die Gestaltung ihrer Lebenswelt aktiv einbezogen. Die Einrichtung verfügt über ein Schutzkonzept, das den Schutz aller Kinder vor Gewalt und weiteren Gefahren und darüber hinaus den Schutz sämtlicher Kinderrechte gewährleistet. Wenn ein solcher Ganztag ermöglicht wird, dann ist es wahrscheinlich, dass die Kinder aus Überzeugung sagen können: „Ich gehe gerne in den Ganztag, weil es mir dort gutgeht. Genauso wie allen anderen Kindern."

Ein Ganztag,
der vom Kind aus gedacht wird,
muss sich daran messen lassen,
inwieweit die Rechte aller Kinder
auf Schutz, Förderung und Beteiligung
im Alltag verwirklicht sind
und jedes Kind in seiner
individuellen Besonderheit
berücksichtigt wird.

Jörg Maywald, S. 135

Anhang

Selbsttest „Wie fit bin ich in puncto Kinderrechte?"

Mit dem folgenden Test können Sie Ihr Wissen über Kinderrechte überprüfen. Der Test kann auch im Team zum Beispiel im Rahmen einer Fortbildung über Kinderrechte durchgeführt werden. Die Lösungen finden Sie im Anschluss.

(1) In welchem Jahr wurde die UN-Kinderrechtskonvention verabschiedet?

a) 1949

b) 1989

c) 1998

(2) Welches Bild vom Kind liegt der UN-Kinderrechtskonvention zugrunde?

a) Kinder sind Träger spezieller Rechte. Sobald sie erwachsen sind, genießen sie sämtliche Menschenrechte.

b) Kinder sind Träger von Menschenrechten. Bis zum Erwachsenenalter werden diese Rechte von den Eltern wahrgenommen.

c) Kinder sind von Geburt an Träger aller Menschenrechte. Die UN-Kinderrechtskonvention formuliert diese Rechte mit Bezug zu den besonderen Bedürfnissen und Interessen der Kinder.

(3) Wie heißen die drei Säulen der Kinderrechte?

a) Kinderrechte ab Geburt, Kinderrechte ab sechs Jahre, Kinderrechte ab zwölf Jahre

b) Schutzrechte, Förderrechte, Beteiligungsrechte

c) Bürgerliche Rechte, wirtschaftliche und soziale Rechte, Mitbestimmungsrechte

(4) Seit wann gilt die UN-Kinderrechtskonvention vorbehaltlos für alle in Deutschland lebenden Kinder?

a) seit 1992

b) seit 2000

c) seit 2010

(5) Wie definiert die UN-Kinderrechtskonvention den Begriff „Kind"?

a) Jeder Mensch im Alter von 0 bis 14 Jahren

b) Jeder Mensch im Alter von 0 bis 18 Jahren

c) Jeder Mensch im Alter von 0 bis 21 Jahren

(6) Welches sind die vom UN-Kinderrechtsausschuss identifizierten vier Allgemeinen Prinzipien der Konvention?

a)

b)

c)

d)

(7) Welche der folgenden Kinderrechte gehören zu den sogenannten Förderrechten?

a) Recht auf Bildung

b) Recht auf Nichtdiskriminierung

c) Recht auf Gesundheitsvorsorge

d) Recht auf Spiel, Freizeit und Erholung

e) Recht auf Schutz vor sexuellem Missbrauch

(8) Welches Verhältnis besteht zwischen Kinderrechten und Elternrechten?

a) Auch gegenüber den eigenen Eltern haben Kinder Rechte. Es ist die Aufgabe der Eltern, die Kinder zu ihrem Recht kommen zu lassen.

b) Die Eltern tragen die Verantwortung. Im Konfliktfall hat ihr Wille daher Vorrang vor Kinderrechten.

c) Kinder sind Rechtssubjekte. Sobald ein Kind deutlich seinen Willen äußert, haben sich die Eltern dem zu fügen.

(9) Wie verbindlich ist die UN-Kinderrechtskonvention innerhalb Deutschlands?

a) Die UN-Kinderrechtskonvention begründet lediglich internationale Staatenverpflichtungen. Kein Kind kann sich daher vor einem deutschen Gericht auf die Konvention berufen.

b) Alle Rechte nach der Konvention gelten auch in Deutschland. Die Einklagbarkeit hängt von der Regelungsdichte der einzelnen Artikel ab.

(10) Welche Möglichkeiten der Überwachung (Monitoring) der Kinderrechte sieht die UN-Kinderrechtskonvention vor?

a) Es besteht die Möglichkeit, Klage vor einem Internationalen Gerichtshof zu erheben.

b) Die Vertragsstaaten haben sich verpflichtet, dem UN-Kinderrechtsausschuss regelmäßig über die Umsetzung der Konvention zu berichten. Der Ausschuss prüft die Berichte und formuliert Abschließende Beobachtungen (Concluding Observations).

c) Jedes Kind, dessen Rechte nach der Konvention verletzt wurden, kann sich nach Ausschöpfung des innerstaatlichen Rechtswegs mit seinen Beschwerden an den UN-Kinderrechtsausschuss wenden.

(11) Wie kinderrechtsfreundlich ist das Grundgesetz?

a) Das Grundgesetz kennt keine Kinderrechte. Die dort verankerten Rechte gelten nur für Erwachsene.

b) Das Kind ist Grundrechtsträger. Eigene Kinderrechte sind grundgesetzlich allerdings bisher nicht verankert.

c) Internationales Recht hat Vorrang. Alle Rechte nach der UN-Kinderrechtskonvention sind automatisch Bestandteil des Grundgesetzes.

(12) Ist Gewalt in der Erziehung in Deutschland gesetzlich verboten?

a) Teilweise, ein leichter Klaps ist erlaubt. Schwere Körperstrafen sind jedoch verboten.

b) Ja, Kinder haben ein Recht auf gewaltfreie Erziehung.

c) Nein, es ist das Recht der Eltern, frei über die Mittel der Erziehung zu entscheiden.

(13) Dürfen Kinder in der Familie mitentscheiden?

a) Ja, Eltern müssen ihre Kinder an allen sie betreffenden Entscheidungen altersgemäß beteiligen.

b) Nein, Eltern müssen die Folgen von Entscheidungen in der Familie tragen. Daher bestimmen sie allein.

c) Es kommt darauf an. Ab 14 Jahre müssen Kinder beteiligt werden.

(14) Muss der Ganztag die Rechte der Kinder in sein Konzept aufnehmen?

a) Nein, in der Pädagogik stehen die Bedürfnisse der Kinder im Vordergrund. Rechte spielen nur im Konfliktfall eine Rolle.

b) Ja, der Bezug zu den Kinderrechten, die Gewährleistung eines Gewaltschutzkonzepts sowie die Bereitstellung von Beteiligungsverfahren und Beschwerdemöglichkeiten sind Voraussetzung für die Betriebserlaubnis.

c) Nicht unbedingt. Jede Ganztagseinrichtung kann selbst entscheiden, ob sie die Kinderrechte in ihr Konzept aufnimmt oder nicht.

(15) Was bedeutet der Kinderrechtsansatz?

a) Nach dem Kinderrechtsansatz zu arbeiten bedeutet, Kinder über ihre Rechte zu informieren.

b) Damit ist gemeint, dass bei allen Planungsentscheidungen die Bedürfnisse der Kinder zu berücksichtigen sind.

c) Beim Kinderrechtsansatz werden alle Kinder betreffenden Entscheidungen an den Rechten der Kinder orientiert.

Lösungen zum Selbsttest

(1) Antwort **b)** ist richtig: Die UN-Kinderrechtskonvention wurde am 20. November 1989 von der Generalversammlung der Vereinten Nationen einstimmig verabschiedet.

(2) Antwort **c)** ist richtig: Kinder sind von Geburt an Träger aller Menschenrechte. Die UN-Kinderrechtskonvention formuliert diese Rechte mit Bezug zu den besonderen Bedürfnissen und Interessen der Kinder.

(3) Antwort **b)** ist richtig: Die drei Säulen der Kinderrechte sind Schutzrechte, Förderrechte und Beteiligungsrechte (bezeichnet als die drei „Ps“: protection, provision, participation).

(4) Antwort **c)** ist richtig: Deutschland hat seine anlässlich der Ratifikation niedergelegten Vorbehalte am 15. Juli 2010 zurückgenommen. Seitdem gilt die UN-Kinderrechtskonvention uneingeschränkt für jedes in Deutschland lebende Kind.

(5) Antwort **b)** ist richtig: Ein Kind im Sinne der UN-Kinderrechtskonvention ist jeder Mensch, der das 18. Lebensjahr noch nicht vollendet hat (Artikel 1 der UN-Kinderrechtskonvention).

(6) Der UN-Kinderrechtsausschuss bezeichnet folgende Rechte als Allgemeine Prinzipien der Konvention: Artikel 2 – Recht auf Nichtdiskriminierung; Artikel 3 – Vorrang des Kindeswohls; Artikel 6 – Recht auf Leben und bestmögliche Entwicklung; Artikel 12 – Berücksichtigung des Kindeswillens.

(7) Antworten **a)**, **c)** und **d)** sind richtig: Die Rechte auf Bildung (Artikel 28), Gesundheitsvorsorge (Artikel 24) sowie auf Spiel, Freizeit und Erholung (Artikel 31) gehören zu den Förderrechten. Das Recht auf Nichtdiskriminierung und das Recht auf Schutz vor sexuellem Missbrauch gehören zu den Schutzrechten.

(8) Antwort **a)** ist richtig: Auch gegenüber den eigenen Eltern haben Kinder Rechte. Es ist die Aufgabe der Eltern, die Kinder zu ihrem Recht kommen zu lassen und sie bei der Ausübung ihrer Rechte zu leiten und zu führen (Artikel 5 der UN-Kinderrechtskonvention).

(9) Antwort **b)** ist richtig: Alle Rechte nach der Konvention gelten auch in Deutschland. Die Einklagbarkeit hangt von der Regelungsdichte der einzelnen Artikel ab.

(10) Antworten **b)** und **c)** sind richtig: Die Vertragsstaaten haben sich verpflichtet, dem UN-Kinderrechtsausschuss regelmäßig über die Umsetzung der Konvention zu berichten (Artikel 44). Der Ausschuss prüft die Berichte und formuliert Abschließende Beobachtungen (Concluding Observations). Außerdem haben Kinder, deren Rechte nach der Konvention verletzt wurden, die Möglichkeit, sich mit ihren Beschwerden nach Ausschöpfung des innerstaatlichen Rechtsweges direkt an den UN-Kinderrechtsausschuss in Genf zu wenden.

(11) Antwort **b)** ist richtig: Das Kind ist Grundrechtsträger. Eigene Kinderrechte sind im Grundgesetz allerdings bisher nicht verankert.

(12) Antwort **b)** ist richtig: Gemäß Paragraf 1631 Absatz 2 BGB haben Kinder „ein Recht auf Pflege und Erziehung unter Ausschluss von Gewalt, körperlichen Bestrafungen, seelischen Verletzungen und anderen entwürdigenden Maßnahmen“.

(13) Antwort **a)** ist richtig: Gemäß Paragraf 1626 Absatz 2 BGB berücksichtigen die Eltern bei der Pflege und Erziehung „die wachsende Fähigkeit und das wachsende Bedürfnis des Kindes zu selbstständigem verantwortungsbewusstem Handeln. Sie besprechen mit dem Kind, soweit es nach dessen Entwicklungsstand angezeigt ist, Fragen der elterlichen Sorge und streben Einvernehmen an“.

(14) Antwort **b)** ist richtig: Gemäß Paragraf 45 Absatz 2 SGB VIII (Kinder- und Jugendhilfegesetz) ist die Erteilung der Betriebserlaubnis davon abhängig, ob „zur Sicherung der Rechte und des Wohls von Kindern und Jugendlichen in der Einrichtung die Entwicklung, Anwendung und Überprüfung eines Konzepts zum Schutz vor Gewalt, geeignete Verfahren der Selbstvertretung und Beteiligung sowie der Möglichkeit der Beschwerde in persönlichen Angelegenheiten innerhalb und außerhalb der Einrichtung gewährleistet werden.“

(15) Antworten **a)** und **c)** sind richtig: Nach dem Kinderrechtsansatz zu arbeiten bedeutet, Kinder über ihre Rechte zu informieren. Alle Kinder betreffenden Entscheidungen werden an deren Rechten orientiert.

Checkliste zur Umsetzung der Kinderrechte im Ganztag

Den Ganztag kindgerecht zu gestalten und den Kinderrechtsansatz zu verwirklichen ist ein Prozess, der längere Zeit benötigt und in viele kleine Schritte aufgeteilt werden kann. Die folgende Checkliste bietet hierfür eine Orientierung.

(1) Die Orientierung an den Kinderrechten ist im Leitbild des Trägers verankert.

☐ ja ☐ nein ☐ in Arbeit

(2) Das Konzept des Ganztags enthält ausdrücklich den Bezug zu den Rechten der Kinder.

☐ ja ☐ nein ☐ in Arbeit

(3) Die UN-Kinderrechtskonvention ist der Leitung und den pädagogischen Fachkräften bekannt.

☐ ja ☐ nein ☐ in Arbeit

(4) Der Text der UN-Kinderrechtskonvention (Druckversion und Weblink) steht allen Mitarbeiter:innen im Ganztag bei Bedarf leicht zugänglich zur Verfügung.

☐ ja ☐ nein ☐ in Arbeit

(5) Der Ganztag hat sich explizit zum Ziel gesetzt, den Kinderrechtsansatz zu verwirklichen und seine Aktivitäten an den Rechten der Kinder zu orientieren.

☐ ja ☐ nein ☐ in Arbeit

(6) Die Kinder werden im Alltag des Ganztags in vielfältiger Form an den sie betreffenden Entscheidungen altersgemäß beteiligt.

☐ ja ☐ nein ☐ in Arbeit

(7) Den Kindern stehen ausgewiesene Beteiligungs- und Beschwerdeverfahren zur Verfügung, deren Nutzung unterstützt wird.

☐ ja ☐ nein ☐ in Arbeit

(8) Die Kinder werden altersgemäß über ihre Rechte informiert.

☐ ja ☐ nein ☐ in Arbeit

(9) Die Bildungsangebote des Ganztags orientieren sich gemäß Artikel 29 UN-Kinderrechtskonvention an einem umfassenden Bildungsverständnis, das sich unter anderem auf die körperliche, soziale, emotionale, kognitive und kulturelle Bildung bezieht und die Menschen- und Kinderrechtsbildung einschließt.

☐ ja ☐ nein ☐ in Arbeit

(10) Das Recht der Kinder auf Ruhe, Freizeit, Spiel und aktive Erholung sowie auf freie Teilnahme am kulturellen und künstlerischen Leben (gemäß Artikel 31 UN-Kinderrechtskonvention) ist verwirklicht.

☐ ja ☐ nein ☐ in Arbeit

(11) Die Einrichtung verfügt über ein Schutzkonzept zur Prävention und Intervention bei Grenzverletzungen und Übergriffen sowie bei körperlicher, seelischer (einschließlich Mobbing) und sexualisierter Gewalt gegen Kinder in den Familien und in der Einrichtung.

☐ ja ☐ nein ☐ in Arbeit

(12) Die Eltern werden über den Kinderrechtsansatz des Ganztags informiert.

☐ ja ☐ nein ☐ in Arbeit

(13) Den Eltern sind die internen und externen Beschwerdemöglichkeiten des Ganztags bekannt und deren Nutzung wird unterstützt.

☐ ja ☐ nein ☐ in Arbeit

(14) Die Mitarbeiter:innen des Ganztags nutzen Fortbildungen zu den Kinderrechten und zum Kinderschutz.

☐ ja ☐ nein ☐ in Arbeit

(15) In den Einstellungsgesprächen werden die Orientierung des Ganztags an den Rechten der Kinder und das Schutzkonzept ausdrücklich thematisiert.

☐ ja ☐ nein ☐ in Arbeit

Zentrale Artikel der UN-Kinderrechtskonvention

Die Konvention über die Rechte des Kindes (UN-Kinderrechtskonvention) wurde am 20. November 1989 von der Generalversammlung der Vereinten Nationen einstimmig verabschiedet. Sie wurde am 26. Januar 1990 von der Bundesrepublik Deutschland unterzeichnet (Zustimmung von Bundestag und Bundesrat durch Gesetz vom 17. Februar 1992 – BGB1. II S.121). Am 6. März 1992 erfolgte die Hinterlegung der Ratifikationsurkunde beim Generalsekretär der Vereinten Nationen. Die Konvention ist am 5. April 1992 für Deutschland in Kraft getreten (Bekanntmachung vom 10. Juli 1992 – BGBl. II S. 990), zunächst allerdings mit Vorbehalten.

Durch die Rücknahme der Vorbehaltserklärung am 15. Juli 2010 hat die Bundesregierung zum Ausdruck gebracht, dass kein innerstaatlicher Anwendungsvorbehalt mehr besteht. Seitdem gilt die Konvention uneingeschränkt für jedes in Deutschland lebende Kind. Sie schafft subjektive Rechtspositionen und begründet innerstaatlich unmittelbar anwendbare Normen. Gerichte wie auch die exekutive Gewalt sind in vollem Umfang an sie gebunden.

Gemäß Artikel 59 Absatz 2 des Grundgesetzes nimmt die Konvention den Rang eines einfachen Bundesgesetzes ein. Sie steht damit allerdings nicht über der Verfassung. Im Falle einer Konkurrenz zwischen Grundgesetz und Kinderrechtskonvention kommt dem Grundgesetz eine Vorrangstellung zu.

Im Folgenden werden einige mit Bezug zum Ganztag zentrale Artikel der UN-Kinderrechtskonvention dokumentiert. Den vollständigen Text der Konvention finden Sie unter www.unicef.de/informieren/ueber-uns/fuer-kinderrechte/un-kinderrechtskonvention.

Artikel 2

[Achtung der Kindesrechte; Diskriminierungsverbot]

(1) Die Vertragsstaaten achten die in diesem Übereinkommen festgelegten Rechte und gewährleisten sie jedem ihrer Hoheitsgewalt unterstehenden Kind ohne jede Diskriminierung unabhängig von der Rasse, der Hautfarbe, dem Geschlecht, der Sprache, der Religion, der politischen oder sonstigen Anschauung, der nationalen, ethnischen oder sozialen Herkunft, des Vermögens, einer Behinderung, der Geburt oder des sonstigen Status des Kindes, seiner Eltern oder seines Vormunds.
(2) Die Vertragsstaaten treffen alle geeigneten Maßnahmen, um sicherzustellen, dass das Kind vor allen Formen der Diskriminierung oder Bestrafung wegen des Status, der Tätigkeiten, der Meinungsäußerungen oder der Weltanschauung seiner Eltern, seines Vormunds oder seiner Familienangehörigen geschützt wird.

Artikel 3

[Wohl des Kindes]

(1) Bei allen Maßnahmen, die Kinder betreffen, gleichviel ob sie von öffentlichen oder privaten Einrichtungen der sozialen Fürsorge, Gerichten, Verwaltungsbehörden oder Gesetzgebungsorganen getroffen werden, ist das Wohl des Kindes ein Gesichtspunkt, der vorrangig zu berücksichtigen ist.
(2) Die Vertragsstaaten verpflichten sich, dem Kind unter Berücksichtigung der Rechte und Pflichten seiner Eltern, seines Vormunds oder anderer für das Kind gesetzlich verantwortlicher Personen den Schutz und die Fürsorge zu gewährleisten, die zu seinem Wohlergehen notwendig sind; zu diesem Zweck treffen sie alle geeigneten Gesetzgebungs- und Verwaltungsmaßnahmen.
(3) Die Vertragsstaaten stellen sicher, dass die für die Fürsorge für das Kind oder dessen Schutz verantwortlichen Institutionen, Dienste und Einrichtungen den von den zuständigen Behörden festgelegten Normen entsprechen, insbesondere im Bereich der Sicherheit und der Gesundheit sowie hinsichtlich der Zahl und der fachlichen Eignung des Personals und des Bestehens einer ausreichenden Aufsicht.

Artikel 6

[Recht auf Leben]

(1) Die Vertragsstaaten erkennen an, dass jedes Kind ein angeborenes Recht auf Leben hat.
(2) Die Vertragsstaaten gewährleisten in größtmöglichem Umfang das Überleben und die Entwicklung des Kindes.

Artikel 12

[Berücksichtigung des Kindeswillens]

(1) Die Vertragsstaaten sichern dem Kind, das fähig ist, sich eine eigene Meinung zu bilden, das Recht zu, diese Meinung in allen das Kind berührenden Angelegenheiten frei zu äußern, und berücksichtigen die Meinung des Kindes angemessen und entsprechend seinem Alter und seiner Reife.
(2) Zu diesem Zweck wird dem Kind insbesondere Gelegenheit gegeben, in allen das Kind berührenden Gerichts- oder Verwaltungsverfahren entweder unmittelbar oder durch einen Vertreter oder eine geeignete Stelle im Einklang mit den innerstaatlichen Verfahrensvorschriften gehört zu werden.

Artikel 13

[Meinungs- und Informationsfreiheit]

(1) Das Kind hat das Recht auf freie Meinungsäußerung; dieses Recht schließt die Freiheit ein, ungeachtet der Staatsgrenzen Informationen und Gedankengut jeder Art in Wort, Schrift oder Druck, durch Kunstwerke oder andere vom Kind gewählte Mittel sich zu beschaffen, zu empfangen und weiterzugeben.

(2) Die Ausübung dieses Rechts kann bestimmten, gesetzlich vorgesehenen Einschränkungen unterworfen werden, die erforderlich sind

a) für die Achtung der Rechte oder des Rufes anderer oder

b) für den Schutz der nationalen Sicherheit, der öffentlichen Ordnung (ordre public), der Volksgesundheit oder der öffentlichen Sittlichkeit.

Artikel 14

[Gedanken-, Gewissens- und Religionsfreiheit]

(1) Die Vertragsstaaten achten das Recht des Kindes auf Gedanken-, Gewissens- und Religionsfreiheit.

(2) Die Vertragsstaaten achten die Rechte und Pflichten der Eltern und gegebenenfalls des Vormunds, das Kind bei der Ausübung dieses Rechts in einer seiner Entwicklung entsprechenden Weise zu leiten.

(3) Die Freiheit, seine Religion oder Weltanschauung zu bekunden, darf nur den gesetzlich vorgesehenen Einschränkungen unterworfen werden, die zum Schutz der öffentlichen Sicherheit, Ordnung, Gesundheit oder Sittlichkeit oder der Grundrechte und -freiheiten anderer erforderlich sind.

Artikel 15

[Vereinigungs- und Versammlungsfreiheit]

(1) Die Vertragsstaaten erkennen das Recht des Kindes an, sich frei mit anderen zusammenzuschließen und sich friedlich zu versammeln.

(2) Die Ausübung dieses Rechts darf keinen anderen als den gesetzlich vorgesehenen Einschränkungen unterworfen werden, die in einer demokratischen Gesellschaft im Interesse der nationalen oder der öffentlichen Sicherheit, der öffentlichen Ordnung (ordre public), zum Schutz der Volksgesundheit oder der öffentlichen Sittlichkeit oder zum Schutz der Rechte und Freiheiten anderer notwendig sind.

Artikel 16

[Schutz der Privatsphäre und Ehre]

(1) Kein Kind darf willkürlichen oder rechtswidrigen Eingriffen in sein Privatleben, seine Familie, seine Wohnung oder seinen Schriftverkehr oder rechtswidrigen Beeinträchtigungen seiner Ehre und seines Rufes ausgesetzt werden.

(2) Das Kind hat Anspruch auf rechtlichen Schutz gegen solche Eingriffe oder Beeinträchtigungen.

Artikel 17

[Zugang zu den Medien; Kinder- und Jugendschutz]

Die Vertragsstaaten erkennen die wichtige Rolle der Massenmedien an und stellen sicher, dass das Kind Zugang hat zu Informationen und Material aus einer Vielfalt nationaler und internationaler Quellen, insbesondere derjenigen, welche die Förderung seines sozialen, seelischen und sittlichen Wohlergehens sowie seiner körperlichen und geistigen Gesundheit zum Ziel haben. Zu diesem Zweck werden die Vertragsstaaten

a) die Massenmedien ermutigen, Informationen und Material zu verbreiten, die für das Kind von sozialem und kulturellem Nutzen sind und dem Geist des Artikels 29 entsprechen;

b) die internationale Zusammenarbeit bei der Herstellung, beim Austausch und bei der Verbreitung dieser Informationen und dieses Materials aus einer Vielfalt nationaler und internationaler kultureller Quellen fördern;

c) die Herstellung und Verbreitung von Kinderbüchern fördern;

d) die Massenmedien ermutigen, den sprachlichen Bedürfnissen eines Kindes, das einer Minderheit angehört oder Ureinwohner ist, besonders Rechnung zu tragen;

e) die Erarbeitung geeigneter Richtlinien zum Schutz des Kindes vor Informationen und Material, die sein Wohlergehen beeinträchtigen, fördern, wobei die Artikel 13 und 18 zu berücksichtigen sind.

Artikel 18

[Verantwortung für das Kindeswohl]

1) Die Vertragsstaaten bemühen sich nach besten Kräften, die Anerkennung des Grundsatzes sicherzustellen, dass beide Elternteile gemeinsam für die Erziehung und Entwicklung des Kindes verantwortlich sind. Für die Erziehung und Entwicklung des Kindes sind in erster Linie die Eltern oder gegebenenfalls der Vormund verantwortlich. Dabei ist das Wohl des Kindes ihr Grundanliegen.

(2) Zur Gewährleistung und Förderung der in diesem Übereinkommen festgelegten Rechte unterstützen die Vertragsstaaten die Eltern und den Vormund in angemessener Weise bei der Erfüllung ihrer Aufgabe, das Kind zu erziehen, und sorgen für den Ausbau von Institutionen, Einrichtungen und Diensten für die Betreuung von Kindern.

(3) Die Vertragsstaaten treffen alle geeigneten Maßnahmen, um sicherzustellen, dass Kinder berufstätiger Eltern das Recht haben, die für sie in Betracht kommenden Kinderbetreuungsdienste und -einrichtungen zu nutzen.

Artikel 19

[Schutz vor Gewaltanwendung, Misshandlung, Verwahrlosung]

(1) Die Vertragsstaaten treffen alle geeigneten Gesetzgebungs-, Verwaltungs-, Sozial- und Bildungsmaßnahmen, um das Kind vor jeder Form körperlicher oder geistiger Gewaltanwendung, Schadenszufügung oder Misshandlung, vor Verwahrlosung oder Vernachlässigung, vor schlechter Behandlung oder Ausbeutung einschließlich des sexuellen Missbrauchs zu schützen, solange es sich in der Obhut der Eltern oder eines Elternteils, eines Vormunds oder anderen gesetzlichen Vertreters oder einer anderen Person befindet, die das Kind betreut.

(2) Diese Schutzmaßnahmen sollen je nach den Gegebenheiten wirksame Verfahren zur Aufstellung von Sozialprogrammen enthalten, die dem Kind und denen, die es betreuen, die erforderliche Unterstützung gewähren und andere Formen der Vorbeugung vorsehen sowie Maßnahmen zur Aufdeckung, Meldung, Weiterverweisung, Untersuchung, Behandlung und Nachbetreuung in den in Absatz 1 beschriebenen Fällen schlechter Behandlung von Kindern und gegebenenfalls für das Einschreiten der Gerichte.

Artikel 28

[Recht auf Bildung; Schule; Berufsausbildung]

(1) Die Vertragsstaaten erkennen das Recht des Kindes auf Bildung an; um die Verwirklichung dieses Rechts auf der Grundlage der Chancengleichheit fortschreitend zu erreichen, werden sie insbesondere

a) den Besuch der Grundschule für alle zur Pflicht und unentgeltlich machen;

b) die Entwicklung verschiedener Formen der weiterführenden Schulen allgemeinbildender und berufsbildender Art fördern, sie allen Kindern verfügbar und zugänglich machen und geeignete Maßnahmen wie die Einführung der Unentgeltlichkeit und die Bereitstellung finanzieller Unterstützung bei Bedürftigkeit treffen;

c) allen entsprechend ihren Fähigkeiten den Zugang zu den Hochschulen mit allen geeigneten Mitteln ermöglichen;

d) Bildungs- und Berufsberatung allen Kindern verfügbar und zugänglich machen;

e) Maßnahmen treffen, die den regelmäßigen Schulbesuch fördern und den Anteil derjenigen, welche die Schule vorzeitig verlassen, verringern.

(2) Die Vertragsstaaten treffen alle geeigneten Maßnahmen, um sicherzustellen, dass die Disziplin in der Schule in einer Weise gewahrt wird, die der Menschenwürde des Kindes entspricht und im Einklang mit diesem Übereinkommen steht.

(3) Die Vertragsstaaten fördern die internationale Zusammenarbeit im Bildungswesen, insbesondere um zur Beseitigung von Unwissenheit und Analphabetentum in der Welt beizutragen und den Zugang zu wissenschaftlichen und technischen

Kenntnissen und modernen Unterrichtsmethoden zu erleichtern. Dabei sind die Bedürfnisse der Entwicklungsländer besonders zu berücksichtigen.

Artikel 29

[Bildungsziele; Bildungseinrichtungen]

(1) Die Vertragsstaaten stimmen darin überein, dass die Bildung des Kindes darauf gerichtet sein muss,

a) die Persönlichkeit, die Begabung und die geistigen und körperlichen Fähigkeiten des Kindes voll zur Entfaltung zu bringen;

b) dem Kind Achtung vor den Menschenrechten und Grundfreiheiten und den in der Charta der Vereinten Nationen verankerten Grundsätzen zu vermitteln;

c) dem Kind Achtung vor seinen Eltern, seiner kulturellen Identität, seiner Sprache und seinen kulturellen Werten, den nationalen Werten des Landes, in dem es lebt, und gegebenenfalls des Landes, aus dem es stammt, sowie vor anderen Kulturen als der eigenen zu vermitteln;

d) das Kind auf ein verantwortungsbewusstes Leben in einer freien Gesellschaft im Geist der Verständigung, des Friedens, der Toleranz, der Gleichberechtigung der Geschlechter und der Freundschaft zwischen allen Völkern und ethnischen, nationalen und religiösen Gruppen sowie zu Ureinwohnern vorzubereiten;

e) dem Kind Achtung vor der natürlichen Umwelt zu vermitteln.

(2) Dieser Artikel und Artikel 28 dürfen nicht so ausgelegt werden, dass sie die Freiheit natürlicher oder juristischer Personen beeinträchtigen, Bildungseinrichtungen zu gründen und zu führen, sofern die in Absatz 1 festgelegten Grundsätze beachtet werden und die in solchen Einrichtungen vermittelte Bildung den von dem Staat gegebenenfalls festgelegten Mindestnormen entspricht.

Artikel 30

[Minderheitenschutz]

In Staaten, in denen es ethnische, religiöse oder sprachliche Minderheiten oder Ureinwohner gibt, darf einem Kind, das einer solchen Minderheit angehört oder Ureinwohner ist, nicht das Recht vorenthalten werden, in Gemeinschaft mit anderen Angehörigen seiner Gruppe seine eigene Kultur zu pflegen, sich zu seiner eigenen Religion zu bekennen und sie auszuüben oder seine eigene Sprache zu verwenden.

Artikel 31

[Beteiligung an Freizeit, kulturellem und künstlerischem Leben, staatliche Förderung]

(1) Die Vertragsstaaten erkennen das Recht des Kindes auf Ruhe und Freizeit an, auf Spiel und altersgemäße aktive Erholung sowie auf freie Teilnahme am kulturellen und künstlerischen Leben.

(2) Die Vertragsstaaten achten und fördern das Recht des Kindes auf volle Beteiligung am kulturellen und künstlerischen Leben und fördern die Bereitstellung geeigneter und gleicher Möglichkeiten für die kulturelle und künstlerische Betätigung sowie für aktive Erholung und Freizeitbeschäftigung.

Artikel 34

[Schutz vor sexuellem Missbrauch]

Die Vertragsstaaten verpflichten sich, das Kind vor allen Formen sexueller Ausbeutung und sexuellen Missbrauchs zu schützen. Zu diesem Zweck treffen die Vertragsstaaten insbesondere alle geeigneten innerstaatlichen, zweiseitigen und mehrseitigen Maßnahmen, um zu verhindern, dass Kinder

a) zur Beteiligung an rechtswidrigen sexuellen Handlungen verleitet oder gezwungen werden;

b) für die Prostitution oder andere rechtswidrige sexuelle Praktiken ausgebeutet werden;

c) für pornografische Darbietungen und Darstellungen ausgebeutet werden.

Literatur

Bielefeldt, H. (2007): Menschenrechte in der Einwanderungsgesellschaft. Plädoyer für einen aufgeklarten Multikulturalismus. Bielefeld: transcript.

Bielefeldt, H. (2011): Auslaufmodell Menschenwürde? Warum sie in Frage steht und warum wir sie verteidigen müssen. Freiburg: Herder.

Blum, H. & Beck, D. (2019): No Blame Approach – Mobbing-Intervention in der Schule. Köln: fairaend.

Brazelton, T.B. & Greenspan, S.I. (2008): Die sieben Grundbedürfnisse von Kindern. 2. Auflage. Weinheim: Beltz.

Bundesarbeitsgemeinschaft Landesjugendämter (2013): Handlungsleitlinien zur Umsetzung des Bundeskinderschutzgesetzes im Arbeitsfeld der betriebserlaubnispflichtigen Einrichtungen nach § 45 SGB VIII. www.bagljae.de/downloads/115_handlungsleitlinien-bkischg_betriebserlaub.pdf (Abruf am 25.03.2023).

Bundesministerium der Justiz und für Verbraucherschutz (Hrsg.) (2018): Verdacht auf sexuellen Kindesmissbrauch in einer Einrichtung – Was ist zu tun? Fragen und Antworten zu den Leitlinien zur Einschaltung der Strafverfolgungsbehörden. www.bmjv.de/SharedDocs/Publikationen/DE/Verdacht_Kindesmissbrauch_Einrichtung.html (Abruf am 25.03.2023).

Delfos, M.F. (2004): „Sag mir mal ..." Gesprächsführung mit Kindern. Weinheim und Basel: Beltz.

Deutsche Liga für das Kind, Deutscher Kinderschutzbund, Verband alleinerziehender Mütter und Väter (Hrsg) (2021): Wegweiser für den Umgang nach Trennung und Scheidung. Wie Eltern den Umgang am Wohl des Kindes orientieren können. Bezug über: Frühe Kindheit – Wegweiser für den Umgang nach Trennung und Scheidung (fruehe-kindheit-online.de) (Abruf am 25.03.2023).

Deutsches Institut für Menschenrechte (2006): Was sind Menschenrechte? Unterrichtsmaterialien zur Menschenrechtsbildung. Ausgabe 1. Berlin.

Deutsches Institut für Menschenrechte (2017): Bewusstsein wecken, Haltung stärken, Verantwortung übernehmen. Menschenrechtsbildung in der frühen Kindheit. www.institut-fuer-menschenrechte.de/fileadmin/user_upload/Publikationen/POSITION/Position_9_Bewusstsein_wecken_Haltung_staerken_Verantwortung_uebernehmen.pdf (Abruf am 30.04.2023).

Deutsches Institut für Menschenrechte, Deutsches Jugendinstitut, MenschenRechtsZentrum an der Universität Potsdam, Rochow-Museum und Akademie für bildungsgeschichtliche und zeitgenössische Forschung an der Universität Potsdam (Hrsg.) (2017): Reckahner Reflexionen zur Ethik pädagogischer Beziehungen. Reckahn.

Fegert, J.M. (2022): Ethos des Einmischens. In: F.A.Z. Nr. 43 vom 21.02.2022, S. 6.

Guglhör-Rudan, A.; Winklhofer, U.; Gerleigner, S.; Alt, C. & Langmeyer, A. (2020): Qualitätskriterien für die Ganztagsbetreuung im Grundschulalter. München: Deutsches Jugendinstitut.

Hanson, K. (2008): Schools of thoughts in children's rights. In: A. Ben-Arieh, J. Cashmore, G. Goodman, J. Kampmann & G.B. Melton (Hrsg.): Handbook of Child Research. London: Sage.

Helfer, M.E.; Kempe, R.S. & Krugman, R.D. (Hrsg.) (2002): Das misshandelte Kind. Frankfurt am Main: Suhrkamp.

International Save the Children Alliance (2002): Child Rights Programming. How to Apply Rights-Based Approaches in Programming. London.

Kant, I. (1797/1983): Grundlegung der Metaphysik der Sitten. Werke Bd. 6, hrsg. von Wilhelm Weischedel. Darmstadt: Wissenschaftliche Buchgesellschaft.

Kerber-Ganse, W. (2009): Die Menschenrechte des Kindes. Die UN-Kinderrechtskonvention und die Pädagogik von Janusz Korczak. Versuch einer Perspektivenverschränkung. Opladen & Farmington Hills, MI: Barbara Budrich.

Klitzing, K. von (2022): Vernachlässigung. Betreuung und Therapie von emotional vernachlässigten und misshandelten Kindern. Stuttgart: Klett-Cotta.

Korbin, J.E. (2002): Kindesmisshandlung im kulturellen Kontext. In: M.E. Helfer et al. (Hrsg.): Das misshandelte Kind. Frankfurt am Main: Suhrkamp.

Kultusministerkonferenz (2006): Erklärung der Kultusministerkonferenz vom 03.03.2006 zur Umsetzung des Übereinkommens der Vereinten Nationen über die Rechte des Kindes. www.kmk.org/fileadmin/veroeffentlichungen_beschluesse/2006/2006_03_03-UN-Kinderrechte_.pdf (Abruf am 30.04.2023).

Kultusministerkonferenz (2023): Kinderschutz in der Schule. Leitfaden zur Entwicklung und praktischen Umsetzung von Schutzkonzepten und Maßnahmen gegen sexuelle Gewalt an Schulen. https://www.kmk.org/aktuelles/artikelansicht/leitfaden-fuer-schutzkonzepte-und-massnahmen-gegen-sexuelle-gewalt-an-schulen-vorgestellt.html (Abruf am 30.04.2023).

Maywald, J. (2012): Kinder haben Rechte! Kinderrechte kennen – umsetzen – wahren. Weinheim: Beltz.

Maywald, J. (2016): Kinderrechte in der Kita. Kinder schützen, fördern, beteiligen. Freiburg: Herder.

Maywald, J. (2019): Kindeswohl in der Kita. Leitfaden für die pädagogische Praxis. Freiburg: Herder.

Maywald, J. (2022): Gewalt durch pädagogische Fachkräfte verhindern. 2. Auflage. Freiburg: Herder.

Pesch, L.; Dohle, K. & Maywald, J. (2023): Ganztag im besten Interesse der Kinder – Kinderrechte für Große Kinder verwirklichen. Freiburg: Herder.

Prengel, A. (2013): Pädagogische Beziehungen zwischen Anerkennung, Verletzung und Ambivalenz. Opladen: Barbara Budrich.

Prengel, A. (2017): „Reckahner Reflexionen zur Ethik pädagogischer Beziehungen" – eine aktuelle Initiative. frühe Kindheit 6/2017, 22–27.

Prengel, A. (2020): Ethische Pädagogik in Kitas und Schulen. Weinheim und Basel: Beltz.

Resch, F. & Lehmkuhl, U. (2008): Zur Entwicklung der kindlichen Persönlichkeit: Grundbedürfnisse und Forderungen an die soziale Umwelt. frühe Kindheit 2/2008, 6–11.

Robinson, G. & Maines, B. (1997): Crying for Help: The No Blame Approach to Bullying. Thousand Oaks: SAGE Publications.

Rochow Akademie & Pädagogische Hochschule Steiermark (Hrsg.) (2020): Reckahner Regelbüchlein für große und kleine Kinder. Bezug unter: Reckahner Regelbüchlein für große und kleine Kinder (Rekids) (paedagogische-beziehungen.eu) (Abruf am 30.04.2023).

Staudinger, J. von & Coester, M. (2000): Kommentar zum Bürgerlichen Gesetzbuch. 4. Buch Familienrecht §§ 1638–1683. 13. Bearbeitung. Berlin: Sellier-de Gruyter.

Wapler, F. (2020): Chancen guten Ganztags für Kinder im Grundschulalter: menschenrechtliche Perspektiven. Gütersloh: Bertelsmann Stiftung.

Wolff, M.; Schröer, W. & Winter, V. (2018): Die Gefährdungsanalyse – das zentrale Element von Schutzkonzepten. In: Oppermann et al. (Hrsg.): Lehrbuch Schutzkonzepte in pädagogischen Organisationen: Weinheim und Basel: Beltz Juventa, S. 79–95.

Internet-Adressen

Achtsame Schule: Leitfaden zur strukturellen Prävention von sexueller Gewalt. https://selbstlaut.org/wp-content/uploads/Selbstlaut-Leitfaden-2020_korr_20210205.pdf

A global child rights network connecting the daily lives of children to the United Nations. www.childrightsconnect.org.

Aktionsbündnis Kinderrechte. www.kinderrechte-ins-grundgesetz.de.

Allgemeine Kommentare (General Comments) des UN-Kinderrechtsausschusses. https://kinderrechtekommentare.de/

BMFSFJ/Kinderministerium. www.kinder-ministerium.de.

Bundeskoordinierung Spezialisierter Fachberatung gegen sexualisierte Gewalt in Kindheit und Jugend (BKSF). www.bundeskoordinierung.de.

Child Rights Information Network (CRIN). www.crin.org.

Deutsche Liga für das Kind. www.liga-kind.de.

Deutscher Kinderschutzbund. www.dksb.de.

Deutsches Kinderhilfswerk. www.dkhw.de, www.kinderpolitik.de, www.kindersache.de.

Global Initiative to End All Corporal Punishment of Children. www.endcorporalpunishment.org.

Handreichung des Hessischen Kultusministeriums zum Umgang mit sexuellen Übergriffen im schulischen Kontext. https://kultusministerium.hessen.de/sites/kultusministerium.hessen.de/files/2021-08/handreichung_sexuelle_uebergriffe_final_web_2020.pdf

Kinderkommission des Deutschen Bundestags. www.kinderkommission.de.

Kinderrechte leben – in Schule und Hort! Online-Dossier des Deutschen Kinderhilfswerks. www.kindersache.de/schule/dossier-kinderrechte/kinderrechte-leben-in-schule-und-hort

Kinderwelten: vorurteilsbewusste Bildung und Erziehung. www.kinderwelten.net.

Klassenrat: Informationen und Materialien. www.derklassenrat.de.

Kultusministerkonferenz: Leitfaden zur Entwicklung und praktischen Umsetzung von Schutzkonzepten und Maßnahmen gegen sexuelle Gewalt an Schulen. www.kmk.org/fileadmin/Dateien/pdf/Bildung/AllgBildung/Broschuere_Leitfaden_KMK-16-03-2023.pdf

Macht Kinder stark für Demokratie (makista). www.makista.de.

Monitoringstelle zur UN-Kinderrechtskonvention beim Deutschen Institut für Menschenrechte. www.institut-fuer-menschenrechte.de/monitoring-stelle-un-krk.

National Coalition Deutschland – Netzwerk zur Umsetzung der UN-Kinderrechtskonvention. https://netzwerk-kinderrechte.de/.

No Blame Approach (Ansatz ohne Schuldzuweisung), Mobbing-Intervention im Ganztag. www.no-blame-approach.de/

Reckahner Reflexionen zur Ethik pädagogischer Beziehungen. https://paedagogische-beziehungen.eu/.

Reckahner Regelbüchlein für große und kleine Kinder. Reckahner Regelbüchlein für große und kleine Kinder (Rekids) (paedagogische-beziehungen.eu).

Save the Children Alliance. www.savethechildren.net.

Schule gegen sexuelle Gewalt: Fachportal für Schutzkonzepte. www.schule-gegen-sexuelle-gewalt.de/home/.

Unabhängige Beauftragte für Fragen des sexuellen Kindesmissbrauchs. www.beauftragter-missbrauch.de.

UN Committee on the Rights of the Child. www.ohchr.org/EN/HRBodies/CRC/Pages/CRCIndex.aspx.

UNICEF Deutschland. www.unicef.de.

UN-Kinderrechtskonvention im Wortlaut. www.unicef.de/informieren/ueber-uns/fuer-kinderrechte/un-kinderrechtskonvention.

Was ist los mit Jaron? Digitaler Grundkurs zum Schutz von Schüler:innen vor sexuellem Missbrauch. www.was-ist-los-mit-jaron.de.

Der Autor

Prof. Dr. Jörg Maywald hat Soziologie, Psychologie und Pädagogik in Berlin, Amsterdam und Paris studiert und ist Mitbegründer des Berliner Kinderschutz-Zentrums. Von 1995 bis 2021 war er Geschäftsführer der Deutschen Liga für das Kind, von 2002 bis 2022 Sprecher der National Coalition Deutschland – Netzwerk zur Umsetzung der UN-Kinderrechtskonvention. Seit 2011 ist er Honorarprofessor für Kinderrechte und Kinderschutz an der Fachhochschule Potsdam. Er ist Mitglied im Vorstand der Deutschen Liga für das Kind und im Vorstand der Initiative für Große Kinder.